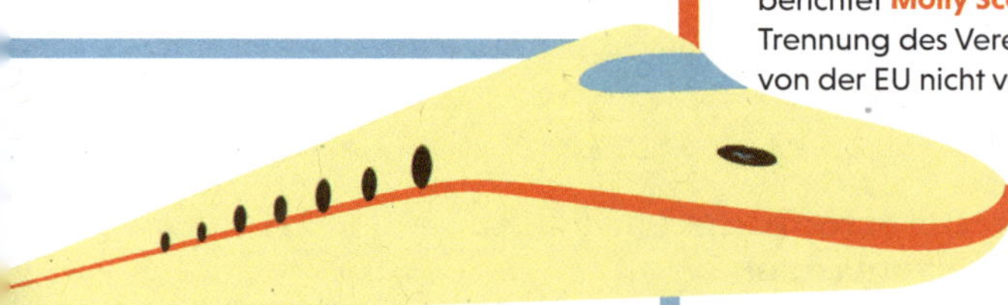

EDITO

NEUE WEGE EINSCHLAGEN

THE GREEN EUROPEAN JOURNAL

Die Aussage, Europa sei „in Krisen geschmiedet", ist in den letzten Jahren wieder in Mode gekommen. Während die Krise in der Eurozone die Spaltung zwischen den EU-Mitgliedstaaten verschärfte und Stereotypen schürte, hat das europäische Projekt aufeinanderfolgende globale Umwälzungen mit bemerkenswerter Einigkeit gemeistert – zumindest bis vor kurzem.

Während in Großbritannien die Nachwehen des Brexit die schädlichen Folgen eines Austritts aus der Union für die Menschen, die Unternehmen und die politische Stabilität veranschaulichten, hat die Reaktion auf andere Krisen – darunter die Corona-Pandemie, die Klimakrise und die groß angelegte russische Invasion in der Ukraine – die durchsetzungsfähigeren und zukunftsorientierten Aspekte der europäischen Integration deutlich gemacht. Die Reaktion auf die Pandemie bot einen Vorgeschmack auf die Zusammenarbeit im Gesundheitswesen und stärkte die soziale Absicherung und die öffentlichen Investitionen auf der Grundlage eines gemeinsamen Engagements. Der Green Deal unterstreicht die Rolle der EU bei der Koordinierung von transformativen Maßnahmen in den Mitgliedstaaten und ist ein Beweis für die Kraft der demokratischen Auseinandersetzung: Die Anforderungen der Klimabewegung spielten eine entscheidende Rolle bei der Gestaltung eines zentralen Pfeilers des europäischen Projekts für die kommenden Jahre. Der Krieg in der Ukraine hat nicht nur spontane Solidarität mit Flüchtlingen in den EU-Ländern ausgelöst, sondern auch den Erweiterungsprozess wiederbelebt, der in den vergangenen Jahren an Schwung verloren zu haben schien.

Diese Beispiele der Einigkeit haben jedoch auch eine Schattenseite, und der Schritt nach vorn, den sie darstellen, ist nicht unumkehrbar. Entscheidungen auf Verwaltungsebene verdeutlichten das seit langem bestehende Demokratiedefizit der EU, während die innergemeinschaftliche Solidarität zunehmend

ORIAL

ausgrenzt, was einen politischen Rechtsruck in mehreren Mitgliedstaaten widerspiegelt. Die Kehrseite des Gesundheitsschutzes während der Pandemie war beispielsweise das Horten von Impfstoffen zum Nachteil der weniger wohlhabenden Länder und der demokratischen Transparenz, und als der Gesundheitsnotstand abgeebbt war, kehrte das Mantra der Sparmaßnahmen in die Politikgestaltung der EU zurück. Die Klimapolitik sorgt für neue Differenzen in den europäischen Gesellschaften, die wir in der Sommerausgabe 2023 untersucht haben. Und während Putins Krieg in der Ukraine in Europa zu einer Rhetorik vom „Kampf der Kulturen“ führte, legte die Energiekrise die opportunistischen Beziehungen offen, die mit dem russischen Autokraten gepflegt werden. Fast zwei Jahre nach Beginn des Konflikts ist die Unterstützung für die Ukraine ins Wanken geraten.

Am auffälligsten ist vielleicht, dass harte Positionen zur Migrationsfrage, die früher den rechtsextremen Kräften vorbehalten waren, seit der Migrationskrise 2015 zum Mainstream geworden sind. Während die düstere demografische Realität der EU-Länder hinter den Kulissen eine Offenheit gegenüber Migrationsströmen diktiert, hat der öffentliche Diskurs zu diesem Thema identitäre Züge angenommen. Im EU-Lexikon ist die „Förderung unseres europäischen Lebensstils“ semantisch nahe daran, Migranten aus der „Festung Europa“ herauszuhalten.

All dies zeichnet ein Bild des des europäischen Projekts, das gleichzeitig voranschreitet und sich abnutzt. Für die Befürworter Europas war die Krisenresistenz als Voraussetzung für seine Stärkung allzu oft ein ausreichendes Argument. Dabei haben sie die Bedeutung einer politischen Vision und eines demokratischen Engagements vernachlässigt. Heute wird deutlich: Dieses reaktive Verständnis von Integration reicht nicht aus. Ohne eine gemeinsame Vision für die Zukunft läuft die EU Gefahr, sowohl in ihrer internen Ausrichtung, als auch in ihrer Haltung gegenüber künftigen Mitgliedern und dem Rest der Welt von den Stürmen der Krise erfasst zu werden.

Aus diesem Grund beschäftigt sich diese Ausgabe mit verschiedenen Wegen für Europa und damit, was sie uns über die Vergangenheit, die Gegenwart und die

Zukunft der Union sagen. Wenige Monate vor den entscheidenden EU-Wahlen ist es nicht nur notwendig, zu verstehen, wohin sich Europa bewegt, sondern auch dringend notwendig, seine Entscheidungen zu politisieren.

Eine zentrale Frage ist das Verhältnis zwischen einem geografischen und einem politischen Europa. Frühere Versuche, das Demokratiedefizit der EU zu beheben, scheiterten an den institutionellen Reformen, während die Bemühungen um die Schaffung einer europäischen Öffentlichkeit weitgehend elitäre Projekte blieben. Während der lange Stillstand bei der Erweiterung überwunden wird, bleibt die Frage offen, wie eine demokratische Vertretung und eine effektive Entscheidungsfindung gewährleistet werden können. Die Diskussion über ein Europa der verschiedenen Geschwindigkeiten hat in den letzten Monaten an Boden gewonnen, um sicherzustellen, dass das Versprechen der EU-Mitgliedschaft nicht auf unbestimmte Zeit verschoben wird. Dies liegt nicht zuletzt daran, dass die Einstellung gegenüber der EU in den Beitrittsländern nicht vor Ermüdung und Enttäuschung gefeit ist, wie die Reihe „Was bedeutet Europa?“ in dieser Ausgabe thematisiert.

In der Frage der Migration muss sich ein wirklich fortschrittliches Europa von der vorherrschenden Sichtweise auf dieses Thema verabschieden, die die Außengrenzen des Blocks in einen Friedhof verwandelt hat. Um Europa seinen erklärten Werten der Freizügigkeit, Inklusion und Gemeinschaft näher zu bringen, schlägt Aleksandra Savanović vor, Migration durch eine utopische Brille zu betrachten.

Der Kampf gegen dominante Narrative ist keine leichte Aufgabe, nicht nur im Bereich der Migration. Selbst wenn sie (noch) nicht an der Macht sind, üben konservative Kräfte einen immer größeren Einfluss auf die politische Agenda aus. Vor allem aber sind sie, obwohl sie sich ein „Europa der Nationen“ vorstellen, transnationaler organisiert als je zuvor. Die immer stärkeren Gegenreaktionen gegen die Rechte von Frauen und queeren Menschen sind zum Beispiel in ganz Europa erkennbar, und sie sind gut finanziert. Ein anderes Europa wird Allianzen bilden und die Unterstützung für demokratische Bewegungen verstärken müssen, erklärt Ségolène Pruvot in ihrem Beitrag.

Im Kampf gegen den Klimawandel erfordert eine progressive Vision echte soziale und Klimagerechtigkeit statt regressiver Politik und neuem grünem Kolonialismus Im Eröffnungsinterview dieser Ausgabe erklärt die spanische Arbeitsministerin Yolanda Díaz, dass Europa vor allem in der Klimapolitik auf den positiven Signalen aus der Zeit der Pandemie aufbauen muss, um die Solidarität zu einem strukturellen Element des europäischen Projekts zu machen. Nur eine gemeinsame Vision für eine wünschenswerte Zukunft kann dem wachsenden Widerstand gegen den grünen Wandel entgegenwirken. Der Fokus auf konkrete Maßnahmen wie lokale erneuerbare Energien, öffentliche Verkehrsmittel und universelle Kinderbetreuung kann dazu beitragen, den Green Deal zu verwirklichen.

Heute erscheinen die positiven Szenarien von der Realität der europäischen Politik weit entfernt. Intern ist die Union zunehmend in Kulturkämpfe verwickelt, was die Rechten begünstigt. Auf internationaler Bühne erscheint sie hingegen gespalten und irrelevant, wie die jüngsten Unruhen im Nahen Osten zeigen. Der Aufstieg der Konservativen und die globale Neuausrichtung legen jedoch nahe, dass Stillstand keine Option ist.

Die Geschichte mag Progressiven einen gewissen Trost bieten: Visionäres Denken und unumgängliche Entwicklungen haben seit den Anfängen des europäischen Projekts in der Asche des Zweiten Weltkriegs nebeneinander bestanden. Das föderalistische Denken, das unter der nazifaschistischen Unterdrückung geboren wurde, um sich eine postnationale Demokratie auf einem friedlichen Kontinent vorzustellen, ist ein lebendiges Zeugnis dafür. Heute verkörpert das Europa der demokratischen Bewegungen, der kulturellen und ethnischen Vielfalt und der transnationalen Bürgersolidarität dieses charakteristische Merkmal – visionär, aber fest in der sozialen und ökologischen Realität verankert. Es ist dieses Europa, für das die politische Ökologie steht.

Beispiele für eine progressive Mobilisierung und positive Wahlergebnisse in Spanien und Polen zeigen, dass ein Aufschwung der Rechten nicht unvermeidlich ist. Aber die Herausforderung, die vor uns liegt, geht tiefer als eine überzeugende Kampagne. Ein progressives Europa ist mehr als ein Ziel, das es zu erreichen gilt, es ist eine kontinuierliche und kollektive Anstrengung für eine nachhaltige, integrative Zukunft. Nicht das Solo einer charismatischen Führungspersönlichkeit, sondern eine Vielfalt von Stimmen, die in der Lage ist, als eine Einheit zu sprechen.

Das Green European Journal *hat sich in den letzten Monaten stark verändert: Dass es diese Veränderungen voll Zuversicht meistern kann, ist der hervorragenden Arbeit von Chefredakteur Jamie Kendrick und Redaktions- und Projektleiterin Jennifer Kwao zu verdanken. Das Team der Zeitschrift und der Redaktionsausschuss sprechen beiden ihren Dank aus und wünschen ihnen alles Gute für ihren weiteren beruflichen Weg.*

EUROPA AM SCHEIDEWEG

EIN INTERVIEW MIT
YOLANDA DÍAZ VON
ROSA MARTÍNEZ
RODRÍGUEZ

Europa hat sich in den letzten Jahren in mehreren Krisen solidarisch gezeigt. Nun steht es am Scheideweg zwischen einer Rückkehr zum alten Regime der Sparmaßnahmen und einer Union, die sich auf ehrgeizige Klimaschutzmaßnahmen und solide soziale Absicherung stützt. Angesichts des Aufschwungs der Konservativen im Vorfeld der EU-Wahlen 2024 müssen Grüne und Progressive ihre Kräfte bündeln und ihre Vorstellungskraft erweitern, meint die Sumar-Vorsitzende Yolanda Díaz.

ROSA MARTÍNEZ RODRÍGUEZ: Die Europäische Union hat ihre gemeinsamen Institutionen auf dem neoliberalen Konsens aufgebaut, den die Märkte am besten kennen. Die Aufgabe des Staates besteht darin, ihr Funktionieren zu ermöglichen. Jetzt bröckelt dieser Konsens weltweit. Was bedeutet das für Europa?

YOLANDA DÍAZ: Die Einigung über das europäische Konjunkturprogramm während der Pandemie war ein wirklich wichtiger Wendepunkt. Nicht wegen des Budgets – das keineswegs unbedeutend war – oder wegen seines Inhalts, sondern vielmehr wegen der zugrunde liegenden Prinzipien. Die Einigung hat gezeigt, dass es einen anderen Weg gibt und dass es möglich ist, den wirtschaftlichen Ansatz in der europäischen Politik zu ändern, von dem viele bis dahin geglaubt hatten, dass er von den Marktkräften bestimmt wird.

Nun, mehr als drei Jahre später, steht das europäische Projekt erneut an einem historischen Scheideweg mit zwei Möglichkeiten. Die erste ist die neoliberale Umgestaltung, die im Wesentlichen darin besteht, die

Privilegien der europäischen Oberschicht zu sichern. Dieser erste Weg garantiert, dass die in Maastricht und Lissabon gemachten Fehler wiederholt werden, und führt uns zurück zu veralteten Steuerregeln, die keine Antwort auf die aktuellen Herausforderungen geben können und nicht geeignet sind, einen fairen digitalen und ökologischen Übergang zu gewährleisten. Dies ist auch der Weg zu einem Migrations- und Asylpaket, das das derzeitige ausgelagerte, sicherheitsbasierte Modell stärkt und das das Mittelmeer in ein Massengrab verwandelt hat.

Der zweite Weg ist einer, der darauf abzielt, die Mehrheit der Europäer zu schützen und die Klimakrise zu bewältigen. Es ist der Weg, den ich bereits erwähnt habe, der Weg eines Europas, dem es nach der miserablen Bewältigung der Wirtschaftskrise 2008 gelungen ist, die Beschäftigten während der Pandemie zu schützen. Es ist der Weg der Konjunkturfonds, die trotz ihrer Grenzen gezeigt haben, dass wir alles tun können, was jahrzehntelang für unmöglich gehalten wurde.

In Anlehnung an [EU-Gründervater] Jean Monnets Idee, dass Europa in der Krise geschmiedet wird, sollten wir auf diesem Wendepunkt aufbauen, der als Reaktion auf die Corona-Krise entstanden ist. Wir sollten vom Reparieren zum Vorbereiten übergehen, wie [die Wirtschaftswissenschaftlerin] Mariana Mazzucato sagen würde. Wir sollten uns endgültig von der zum Scheitern verurteilten Sparpolitik verabschieden und uns darauf konzentrieren, öffentliche Investitionspläne, steuerliche Anreize und bewährte Instrumente wie den SURE-Mechanismus [zur Sicherung von Arbeitsplätzen in Notsituationen] einzubinden. Wir müssen diesen Funken der Aufklärung, den wir während der Pandemie gesehen haben, fördern und ihn zu dauerhaften, verlässlichen Spielregeln machen.

Welche Rolle spielt der grüne Übergang bei diesem zweiten Weg, den Sie beschreiben? Kann die Klimapolitik dazu beitragen, Europa sozialer zu machen und Ungleichheiten abzubauen?

Um diesen positiven Weg einzuschlagen, muss die EU unbedingt eine Supermacht im Kampf gegen den Klimawandel werden. In einer Zeit der globalen Neuausrichtung, in der Europa noch kein wirklich eigenständiges Profil gefunden hat, ist diese Rolle entscheidend.

Aufgrund ihrer rechtlichen Befugnisse, ihrer Verteidigung der Klimadiplomatie, ihrer Größe und anderer Faktoren ist die EU in der Lage, auf globaler Ebene die treibende Kraft für eine demokratische und sozial verantwortliche ökologische Planung zu sein – ein Beispiel für eine Klimapolitik, der der Rest der Welt folgen kann.

In den letzten Monaten haben wir einen besorgniserregenden Versuch erlebt, den

Europäischen Green Deal zu demontieren. Wir haben dies mit dem Renaturierungsgesetz und mit den Äußerungen von Ursula von der Leyen und Emmanuel Macron gesehen, die eine Verlangsamung der grünen europäischen Agenda fordern.

Angesichts dieser Allianz von Klimaleugnern und Aufschiebern müssen wir laut und deutlich sagen, dass das Erreichen der Klimaziele heute dringender ist als je zuvor. Ein erweiterter Europäischer Green Deal, mit neuem Ehrgeiz und einem aggressiveren Zeitplan, muss in den nächsten zehn Jahren unser wichtigstes politisches Ziel sein. Es gibt keine Zeit zu verlieren.

Aus diesem Grund müssen wir das Paket „Fit für 55"ausweiten und die sozialen Mechanismen des Green Deal wie den Fonds für den gerechten Übergang (JTF) und den Klima-Sozialfonds stärken. Dadurch wird sichergestellt, dass die Last der Bekämpfung des Klimanotstands nicht auf den Schultern der Beschäftigten liegt, sondern derer die die Umwelt am meisten verschmutzen. Wir müssen auch neue Instrumente wie einen SURE-Klimamechanismus schaffen, um die Beschäftigten während des gesamten Übergangs zu schützen und sicherzustellen, dass er keine negativen Auswirkungen auf die Beschäftigung hat.

Industriepolitik ist wieder en vogue, auch auf europäischer Ebene. Aber kann sie so betrieben werden, dass sie die demokratische Kontrolle über die Wirtschaft stärkt, statt Risiken zu sozialisieren und Gewinne zu privatisieren?

Europa und seine Mitgliedstaaten brauchen eine aktive Industriepolitik und eine grüne Industrieplanung. Was wir brauchen, ist mehr und bessere Planung, um die Unsicherheit zu verringern, die den aktuellen Zeitgeist kennzeichnet.

Die Industriepolitik hat ein Comeback erlebt, aber sie kann nicht mehr so sein wie früher. Wir brauchen einen langfristigen, strukturellen Wandel unseres Produktionsmodells.

Wir brauchen eine grüne Industrieplanung, um einen wirtschaftlichen Paradigmenwechsel in der EU herbeizuführen, indem wir eine wirklich fortschrittliche Agenda für die Beschäftigten verfolgen. Darüber hinaus brauchen wir einen grünen Reindustrialisierungsprozess, der die Rechte der Beschäftigten in den Mittelpunkt stellt und öffentliche Hilfen für Unternehmen von ihrem sinnvollen Beitrag zu einem fairen ökologischen und digitalen Wandel abhängig macht. Der letzte dieser Punkte ist besonders wichtig. [Der progressive US-Senator] Bernie Sanders hat seine Unterstützung für das US-amerikanische CHIPS-Gesetz davon abhängig gemacht, dass die Unternehmen eine Reihe von Voraussetzungen erfüllen, die den Beschäftigten zugutekommen. Das ist möglich, und es ist wichtig, dass wir es tun.

WIR BRAUCHEN EINE GRÜNE INDUSTRIEPLANUNG, UM EINEN WIRTSCHAFTLICHEN PARADIGMENWECHSEL IN DER EU HERBEIZUFÜHREN.

Aus diesem Grund bedeutet eine grüne Industrieplanung auch einen fairen Übergang, der die Beschäftigten in den Mittelpunkt stellt, indem neue Arbeitsplätze geschaffen und die Gehälter aufgebessert werden. Dieser Gedanke stand in unserem Wahlprogramm für die spanischen Wahlen im Juli im Vordergrund: Wir sprachen über einen nationalen Energiewendeplan, der die Sanierung von 500.000 Wohnungen pro Jahr, die Erhöhung der Investitionen in erneuerbare Energien und die Entwicklung Spaniens zu einem Vorreiter bei der Elektromobilität vorsah.

Dies hängt auch mit der Notwendigkeit einer größeren strategischen Autonomie zusammen, die den Menschen in Europa dient und nicht den finanziellen Interessen der Waffenhersteller. Wir brauchen unsere eigenen Industrien, damit wir Entscheidungen treffen können, die nicht den Segen von Drittländern benötigen. Wir brauchen unsere eigenen Industrien, damit Europa eine eigene Stimme und eine unabhängige Rolle im gegenwärtigen Kontext geopolitischer Unsicherheit haben kann.

In den letzten Jahren hat Europa Raum für mehr Investitionen in den Mitgliedstaaten geschaffen. Spanien war eine wichtige Kraft, die Koalitionen für politische Maßnahmen wie die gemeinsame Kreditaufnahme und die Energiesteuer gebildet hat. Wie sehen Sie das Zusammenspiel zwischen progressiven Regierungen auf der Ebene der Mitgliedstaaten und progressiver Führung auf europäischer Ebene? Kann Spanien diese Rolle noch spielen?

Die Rolle Spaniens in Europa hat sich in der letzten Legislaturperiode stark verändert. Vor einem Jahrzehnt prahlte Luis de Guindos, der Wirtschaftsminister von Mariano Rajoy, vor der Eurogruppe damit, dass seine Gegenreform des Arbeitsrechts „extrem aggressiv“ sei. Heute ist unsere Arbeitsrechtsreform für ganz Europa ein Beispiel dafür, dass es auch anders gehen kann. Vor zehn Jahren befand sich Spanien am Rande eines Europas, das von der Sparpolitik beherrscht wurde. Heute koordinieren wir äußerst ehrgeizige und erfolgreiche Initiativen auf EU-Ebene, wie z. B. die Richtlinien über Mindestlöhne und Lohntransparenz.

Es erfüllt uns mit Stolz, dass die ehemaligen „PIIGS“ und Südeuropa insgesamt in einer Zeit, in der das europäische Projekt neu gestaltet wird, eine historische Vorreiterrolle spielen.

Ich bin davon überzeugt, dass wir diese Rolle weiterhin spielen können, wenn wir auch künftig ehrgeizig und innovativ sind und wenn wir diesen Moment nicht als eine Zeit der Konsolidierung, sondern des Fortschritts verstehen. Wir haben die Wahl zwischen kleinen Schritten vorwärts und großen Sprüngen zurück.

„Europa ist ein zwischenstaatlicher Pakt, der zu einem demokratischen, sozialen und föderalen Projekt werden muss“, schrieben Sie Anfang des

WIR HABEN DIE WAHL ZWISCHEN KLEINEN SCHRITTEN VORWÄRTS UND GROSSEN SPRÜNGEN ZURÜCK.

Jahres.[1] Warum muss Europa diesen nächsten Schritt nach vorne machen? Und ist diese Vision unter den gegebenen Umständen realistisch?

Nun, das internationale Programm von Sumar [der von Díaz gegründeten und geführten progressiven Linkspartei] hatte drei Hauptziele: einen demokratischen Ausweg aus der großen ökosozialen Krise zu finden, die Demokratie in Europa durch die Stärkung des Multilateralismus und des Völkerrechts wiederherzustellen und ein sozialeres Europa anzustreben. Dieses letzte Ziel ist eine Voraussetzung für die ersten beiden, und wir müssen ehrgeizig sein.

Wir haben darüber gesprochen, über den Stabilitäts- und Wachstumspakt – ein veraltetes Element des Maastrichter Vertrags – hinauszugehen, indem wir den Kampf gegen die Klimakrise zu einem der Ziele der Europäischen Zentralbank machen. Dies könnte viele Formen annehmen, wie unter anderem Ersetzung des Europäischen Stabilitätsmechanismus durch eine Europäische Schuldenagentur, Übergang zu einer redistributiven und integrierten Steuerpolitik, die Sozialdumping zwischen den Mitgliedstaaten verhindert, rechtliche Kodifizierung der Europäischen Säule sozialer Rechte oder des Protokolls über den sozialen Fortschritt und Demokratisierung des institutionellen Rahmens der Union. Ein letzter Punkt zu realistischen Visionen1949: während des Aufbaus der Nachkriegs-Wohlfahrtsstaaten, schrieb [der Wirtschaftswissenschaftler und politische Philosoph] Friedrich Hayek einen Aufsatz mit dem Titel „Die Intellektuellen und der Sozialismus“, in dem er feststellte, dass die Marktliberalen angesichts des Sieges des Keynesianismus eine neue, radikale utopische Vision benötigten. Dreißig Jahre später waren viele von Hayeks Ansichten zum Mainstream geworden. Ich denke, wir sollten aus dem Erfolg des Neoliberalismus lernen. Wir brauchen transformative Visionen, denn wenn wir uns anstrengen, wenn wir unsere Vorstellungskraft ausweiten, können wir weit mehr erreichen, als wir denken.

Die Progressiven sind nicht die einzigen, die eine Vision für Europa haben. Überraschenderweise ist die extreme Rechte transnationaler denn je. Welche Wahl haben wir Ihrer Ansicht nach? Was ist deren Europa, und was ist unseres?

Nun, ich denke, wir können daraus viel lernen. Trotz ihrer vielen internen Differenzen ist es der extremen Rechten sowohl in Europa als auch im Rest der Welt gelungen, ein transnationales Netzwerk aufzubauen und sich als einheitliche koordinierte politischer Bewegung zu präsentieren. Ich denke, dass die Progressiven dies ebenfalls tun müssen.

Deshalb spreche ich im Geiste [des marxistischen Theoretikers Antonio] Gramsci immer

1 Yolanda Díaz (2023). „Transformar Europa para proteger a la gente“. *Le Grand Continent*. 22. Februar 2023. Abrufbar auf <https://bitly.ws/ZVR4>.

vom Aufbau eines progressiven historischen Blocks, eines grünen historischen Blocks: ein breites und vielfältiges Bündnis, das über die Wahlpolitik hinausgeht. Eines, das neben sozialen, intellektuellen und institutionellen Bewegungen auch politische Kräfte aus verschiedenen Traditionen umfasst. Dies kann sogar Sektoren einschließen, die bisher Teil des neoliberalen Modells waren. Um große Herausforderungen zu bewältigen, brauchen wir große Allianzen. Die Menschen wollen nicht, dass wir alle gleich sind, dass wir aufhören, unabhängig zu denken – sie wollen, dass wir unsere Kräfte bündeln, um gemeinsam voranzukommen und das tägliche Leben der Menschen zu verbessern. Das ist die innovative Vision, die Sumar für Spanien hat, und wir möchten, dass dies auch unser Beitrag auf der europäischen Bühne ist.

Was steht bei den EU-Wahlen 2024 auf dem Spiel? Warum sind diese Wahlen für Spanien wichtig?

Bei diesen Wahlen steht alles auf dem Spiel. Es geht um die weitere Relevanz unseres Landes in Brüssel und vor allem um die Zukunft des europäischen Projekts selbst.

Sehen Sie, vor einigen Monaten haben in Spanien bestimmte Personen schon Monate vor Öffnung der Wahllokale den Sieg verkündet. In unserem Land haben wir gezeigt, dass der Sieg eines Bündnisses zwischen der Rechten und der extremen Rechten nicht sicher ist. Im Gegenteil: Es ist eine Sache der Vergangenheit.

Das Gleiche geschieht jetzt mit den Europawahlen. Mehrere Monate vor den Wahlen sagen viele Menschen in Europa, dass man nichts machen kann, dass es nur zwei mögliche Ergebnisse gibt: entweder ein Bündnis à la Meloni [zwischen der rechten Mitte und der extremen Rechten] oder die übliche große Koalition. Das stimmt einfach nicht!

YOLANDA DÍAZ
ist eine spanische Politikerin und Anwältin mit Schwerpunkt Arbeitsrecht. Sie ist Spaniens Arbeitsministerin und Vorsitzende der linken Partei Sumar.

ROSA MARTÍNEZ RODRÍGUEZ
ist ein ehemaliges Mitglied der Grünen im spanischen Parlament (2015-2019) und war von 2014 bis 2018 Co-Sprecherin der spanischen Grünen Partei (EQUO). Derzeit ist sie Managerin für Verkehr bei der Europäischen Stiftung ECF in Spanien.

ROTES LICHT FÜR DEN GREEN DEAL?

ARTIKEL VON
PHILIPPA NUTTALL

Der Europäische Green Deal hat weitreichende Veränderungen in Gang gesetzt und trotz mehrerer globaler Krisen große Erfolge auf dem Weg zu einer nachhaltigeren europäischen Wirtschaft erzielt. Doch Kulturkriege in der Landwirtschaft, eine im Vergleich zur globalen Konkurrenz der EU weniger ehrgeizige Industriepolitik und unzureichend berücksichtigte soziale Auswirkungen bergen die Gefahr, dass die Klimaagenda des EU-Blocks ausgebremst oder gar zum Stillstand gebracht wird.

Im Dezember 2019 gab die Präsidentin der Europäischen Kommission, Ursula von der Leyen, den Startschuss für den Europäischen Green Deal. Ziel war es, so von der Leyen, „die Wirtschaft mit unserem Planeten zu versöhnen, die Art und Weise, wie wir produzieren und konsumieren, mit unserem Planeten in Einklang zu bringen und dafür zu sorgen, dass es für unsere Bevölkerung funktioniert."

Trotz des Krieges in der Ukraine, erheblicher geopolitischer Spannungen und der Krise bei den Lebenshaltungskosten ist der Green Deal insgesamt ein Erfolg. Die nächsten vier Jahre werden jedoch eine größere Herausforderung darstellen, da in allen Politikbereichen die Theorie in die Realität umgesetzt, ehrgeizige Ziele verwirklicht und die sozialen Aspekte des grünen Übergangs in Europa angegangen werden müssen.

„Der Green Deal ist ein großer Schritt auf dem Weg zu einem nachhaltigeren Europa", sagt Jutta Paulus, eine deutsche Abgeordnete der Grünen, die 2019 in das Europaparlament gewählt wurde. Während des

IM VORFELD DER EUROPAWAHLEN 2024 BEFÜRCHTEN UMWELTSCHÜTZER, DASS DER GREEN DEAL ZUNEHMEND UNTER BESCHUSS GERATEN WIRD.

vergangenen EU-Mandats hat sie an einer Vielzahl von Green-Deal-Themen gearbeitet: Verringerung der Klimaverschmutzung durch den Luft- und Seeverkehr, Steigerung der Energieeffizienz, Senkung der Methanemissionen, Ausbau der erneuerbaren Energien und Regulierung schädlicher Chemikalien. Gleichzeitig ist sie sich darüber im Klaren, dass „der Green Deal noch nicht abgeschlossen ist" und wichtige Teile der Gesetzgebung „noch offen sind oder ganz fehlen."Paulus erkennt die wirklichen Fortschritte an, die bei den Klima- und Energieaspekten des Green Deal erzielt wurden, betont jedoch, dass diese noch „nicht ausreichen." Die Verordnung über die Wiederherstellung der Natur (Nature Restoration Law), mit der Maßnahmen zur Wiederherstellung und zum Schutz von Land- und Meeresökosystemen in der gesamten EU eingeführt werden sollen, wurde nach schwierigen Verhandlungen verabschiedet.

Die Reform der REACH-Verordnung, die Chemikalien zum Schutz der menschlichen Gesundheit und der Umwelt regelt, wurde auf Eis gelegt. Paulus ist der Meinung, dass sich alle Aspekte des Green Deal gegenseitig verstärken: „Die dreifache Krise aus Erderwärmung, Verlust der biologischen Vielfalt und Umweltverschmutzung kann nur ganzheitlich angegangen werden."In diesem Sommer führte die Mitte-Rechts-Fraktion, die Europäische Volkspartei (EVP), eine Offensive gegen die vorgeschlagene Verordnung über die Wiederherstellung der Natur an. Der gleiche konservative Vorstoß, neue umweltpolitische Maßnahmen auf Eis zu legen, führte dazu, dass die Chemikalienverordnung blockiert wurde. „Es ist unwahrscheinlich, dass wir vor den Europawahlen neue REACH-Verordnungen sehen werden", sagt Paulus.

Zunächst stellte von der Leyen den Green Deal als umfassende Initiative vor, als „einen umfangreichen Aktionsplan", der die Bereiche biologische Vielfalt und Wälder, Landwirtschaft und Ernährung, grüne Städte und Kreislaufwirtschaft abdeckt.

Trotz dieser ehrgeizigen Ziele ist auch die Landwirtschaft weitgehend von der Green-Deal-Agenda verschwunden. Im Jahr 2020 schlug die Europäische Kommission die „Vom Hof auf den Tisch"-Strategie vor. Dahinter steht die Idee, von der alten Logik der „Gemeinsamen Agrarpolitik" wegzukommen und ein „faires, gesundes und umweltfreundliches Lebensmittelsystem" zu schaffen.

Der erste große Gesetzesentwurf des Plans, das Rahmengesetz für nachhaltige Ernährungssysteme (SFS-Gesetz), verschwand Ende des Jahres nach massivem Widerstand der EVP aus dem Arbeitsprogramm der Kommission. Stattdessen erklärte die Kommissionspräsidentin in ihrer jüngsten Rede zur Lage der Union, dass die Kommission einen „strategischen Dialog über die Zukunft der Landwirtschaft in der EU" organisieren wolle. Es ist unklar, was genau damit erreicht werden soll. Laut Tycho Vandermaesen vom WWF ist die Gemeinsame Agrarpolitik eine „heilige Kuh“ und die Ursache für die Klima- und Naturprobleme der heutigen europäischen Landwirtschaft. Er ist skeptisch, dass jeglicher vorgeschlagene „strategische Dialog“ bereit sein wird, sie in Frage zu stellen.

Trotz dieser Lücken hat der Green Deal laut Klaus Röhrig vom gemeinnützigen Climate Action Network Europe einen „bedeutenden Einfluss“ auf die politische Agenda der EU gehabt. Klimaerwägungen wurden in allen Politikbereichen berücksichtigt und die Agenda wurde „selbst angesichts eines sehr schwierigen internationalen Kontextes“ beibehalten. Der neue Kontext liefert eine solidere Begründung für Klimamaßnahmen als je zuvor: „Jeder Rückzieher würde bedeuten, die verheerenden Auswirkungen zu ignorieren, die eine ungebremste Klimakrise auf Themen wie die öffentliche Gesundheit, die industrielle Wettbewerbsfähigkeit und die Lebensmittelsicherheit hätte.“

Im Vorfeld der Europawahlen 2024 befürchten Umweltschützer und Politiker des mittleren und linken politischen Spektrums, dass der Green Deal zunehmend unter Beschuss geraten wird.

„Eine Koalition aus Konservativen, Rechtspopulisten und Rechtsextremen führt mit etwas Hilfe einiger Liberaler eine Kampagne gegen den Green Deal, teilweise durch Fehlinformationen und das Schüren von Ängsten“, betont Paulus. Sie erklärt, wie die EVP das Frühjahr 2023 mit einer „Abschussliste“ von Green-Deal-Gesetzen begonnen hat – eine Kehrtwende gegen die legislative Agenda ihrer eigenen Kommissionspräsidentin. Paulus deutet an, dass die kommenden Monate ein „ständiger Kampf gegen die Bemühungen, den Ehrgeiz zu verwässern und den Fortschritt zu verzögern“ sein werden.

EIN INDUSTRIELLER ÜBERGANG

Bei der Vorstellung des Green Deal sagte von der Leyen ihren Kommissaren, die Initiative sei „unsere neue Wachstumsstrategie – eine Strategie, die mehr zurückgibt als sie wegnimmt.“ Ein Beweis dafür, dass Maßnahmen zur Senkung von Emissionen und zur Wiederherstellung der Natur Arbeitsplätze und Wohlstand schaffen können, würde zumindest zeigen, dass Versuche, den Green Deal zu verlangsamen oder gar zu stoppen, fehlgeleitet sind.

Doch das Ziel, den Green Deal in eine Wirtschaftsstrategie zu verwandeln, schien in diesem Jahr mehrfach ernsthaft gefährdet, trotz der Einführung des EU-Netto-Null-Industrie-Gesetzes (NZIA) und der Verordnung zu kritischen Rohstoffen (CRMA). Die beiden Maßnahmen zielen darauf ab, die grünen Industrien in der EU durch gezielte sektorspezifische Maßnahmen zu schützen und zu entwickeln, sowie die Versorgung mit den notwendigen natürlichen Ressourcen zu sichern.

Sowohl die europäische Wind- als auch die Solarindustrie sind in Schwierigkeiten, nicht zuletzt wegen der zunehmenden Importe aus China. Die Europäische Kommission hat sich veranlasst gesehen, eine Antisubventionsuntersuchung zu EU-Importen von Elektrofahrzeugen aus China einzuleiten. „Die Weltmärkte werden derzeit von billigeren chinesischen Elektroautos überschwemmt", deren Preis durch „enorme staatliche Subventionen künstlich gedrückt wird", so die Kommissionspräsidentin in ihrer Rede zur Lage der Union im September.

Der Green Deal war „hilfreich bei der Operationalisierung von Szenarien" darüber, wie die Windkraft massiv auf das Niveau gesteigert werden kann, das zur Erreichung der Emissionsreduktionsziele erforderlich ist, sagt Viktoriya Kerelska vom Industrieverband WindEurope. Seit dem Einmarsch Russlands in die Ukraine haben die Branchen der erneuerbaren Energien in der EU von verschiedenen Sofortmaßnahmen profitiert, die die Kommission beschlossen hat, um russisches Gas zu ersetzen, wie z. B. vom RePowerEU-Plan und von Paketen zur Erleichterung der Genehmigungsanforderungen. Es ist „gut, dass die EU verstärkt über den industriellen Aspekt" des Green Deal nachdenkt, sagt Kerelska, aber sie betont, dass noch mehr passieren muss, wenn die Energiewende „in Europa gemacht" werden soll und die versprochenen wirtschaftlichen Ziele erreicht werden sollen.

Mehr tun, das würde für die Windkraftindustrie bedeuten, die Genehmigungen noch einfacher zu erhalten, sagt Kerelska. Die EU hat Ende 2022 Notstandsgesetze erlassen, um die Mitgliedstaaten zu zwingen, Planungsgenehmigungen für Projekte im Bereich der erneuerbaren Energien zu vereinfachen. Eine im September 2023 vom Industrieverband SolarPower Europe veröffentlichte Studie zeigt jedoch, dass viele Länder die Änderungen nicht umsetzen. Daher dauert es zu lange, bis Solar- und Windprojekte genehmigt werden, oder sie scheitern an zu komplizierten bürokratischen Verfahren, was zu Fabrikschließungen führt, da die Auftragsbücher dünn bleiben.

Kerelska zufolge würde eine Vereinfachung der Genehmigungsverfahren „dazu beitragen, eine Reihe von Projekten in Gang zu setzen" und die Beschäftigungs- und Wachstumsziele des Green Deal zu erreichen. In ganz Europa stecken 18 Gigawatt an Windkraftprojekten fest, so Kerelska.

Eine Änderung der Kriterien für Auktionen für erneuerbare Energien würde auch dazu beitragen, die wirtschaftlichen Ziele des Green Deal zu erreichen, meint Kerelska. Es sei zu begrüßen, dass man sich mehr Gedanken darüber mache, „wie man Auktionen von reinen

BEI DEN VIEL VERSPROCHENEN SOZIALEN ASPEKTEN DES EUROPÄISCHEN GREEN DEAL MUSS DIE EU ERST NOCH ANFANGEN.

Preismodellen verlagern kann, und zwar so, dass sie auch preisunabhängige Kriterien berücksichtigen", argumentiert sie und fordert, dass die Auktionskriterien auch „Cyber- und Datensicherheit sowie die hohen Governance- und Sozialstandards, die wir erfüllen sollten", umfassen.

Eine dritte Lösung ist, dass alle Länder, insbesondere in Zeiten hoher Inflation wie heute, mit der Indexierung von Auktionen beginnen, sagt Kerelska. Ein solcher Schritt würde „ein Verständnis für den wirtschaftlichen Kontext" zeigen, betont sie.

GUTE PLÄNE TREFFEN AUF DIE PRAXIS

Eine ähnliche Diskussion über die Frage, ob die Energiewende „in Europa gemacht" wird und ob die EU die Früchte in Form von wirtschaftlichem Wohlstand und Arbeitsplätzen ernten wird, findet auch beim Thema Elektrofahrzeuge statt.

Die Entscheidung der EU, den Verkauf von Neufahrzeugen mit Verbrennungsmotor bis 2035 schrittweise einzustellen, hat der Autoindustrie eine klare Richtung vorgegeben. Die Umstellung von fossilen Brennstoffen auf Elektrofahrzeuge wäre „sehr schwer rückgängig zu machen", sagt William Todts, Geschäftsführer der gemeinnützigen Organisation Transport & Environment. „Es gibt zwar politischen Lärm, aber wenn man den Übergang zu kohlenstofffreien Fahrzeugen wirklich rückgängig machen will, braucht man einen Trump'schen Moment", sagt er in Anspielung auf den ehemaligen US-Präsidenten, von dem man weiß, dass er fossile Brennstoffe liebt.

Das für 2035 gesetzte Enddatum für den Verkauf von Autos mit fossilen Brennstoffen in der EU „wurde akzeptiert, nicht weil die NROs es wollten, sondern weil die Industrie es wollte", erklärt Todts. Die Autoindustrie will „Investitionssicherheit", denn sie will keine 50-Milliarden-Euro-Verpflichtungen eingehen, neue Fabriken planen und langfristige Verträge mit Batterielieferanten abschließen, nur um „ein paar Jahre später zu hören, dass das alles ein Scherz war."

Die grundlegende Frage ist nun, ob die nächste Generation von Elektrofahrzeugen in der EU hergestellt wird. „So wie es derzeit aussieht, nein." Todts verweist auf die enormen Subventionen in den USA und China um den Bau von Elektrofahrzeugen dort zu unterstützen. Einige EU-Unternehmen wie BMW investieren in Fabriken in China und liefern dann Autos nach Europa. „Dies ist eine Frage der Industrie", sagt Todts. „Wir haben die Wahl zwischen subventionierten, billigen Elektroautos aus China oder dem Schutz unserer Automobilindustrie, die Arbeitsplätze und andere Vorteile bietet."

Es gibt keine einfachen Antworten auf dieses Dilemma, aber Todts glaubt, dass die Strategie des Green Deal „richtig" war und sich in den letzten 12 bis 18 Monaten eher „die Spielregeln" geändert haben. „Der Green Deal stammt aus dem Jahr 2019, lange bevor die USA anfingen, diese Dinge ernst zu nehmen. Der „Inflation Reduction Act" ist ein Jahr alt, und er hat die Situation komplett verändert. Auch die Beziehungen zu China haben sich dramatisch verändert", argumentiert Todts. „Es ist nicht so, dass die EU etwas verpasst hat, sondern, dass wir uns an die neuen Umstände anpassen müssen."

„Unser Plan war gut", fährt er fort. „Schauen Sie sich die Anzahl der Batteriefabriken an, die in Europa geplant waren, es war phänomenal, und alle kamen nach Europa." Seit der Ankündigung amerikanischer Subventionen in Milliardenhöhe haben die multinationalen Unternehmen ihre Pläne geändert, und gehen nun dorthin, wo sie die besten Bedingungen vorfinden. Der Green Deal war „eine so gute Strategie, dass die Amerikaner und Chinesen sie kopiert haben, und jetzt machen sie es besser als wir", sagt Todts. „Wir müssen nachziehen."

Die Bemühungen um die Dekarbonisierung von LKW-, Luft- und Schifffahrt stehen vor der gleichen Herausforderung. Todts bezeichnet die Verordnungen FuelEU Maritime und ReFuelEU Aviation als „Durchbrüche", die zeigen, dass die EU die Notwendigkeit erkannt hat, den Wandel in diesen Sektoren mit hoher Umweltverschmutzung voranzutreiben, aber er betont auch, dass die Entwicklung von E-Kraftstoffen „beschleunigt" werden muss.

Auch im Bausektor ist die Geschwindigkeit der Umstellung „äußerst besorgniserregend", obwohl die Senkung des Energieverbrauchs für Heizung und Klimatisierung von Gebäuden „eine klare Priorität" des Green Deal ist, so Adrian Joyce, Direktor der Kampagne Renovate Europe.

DER EUROPÄISCHE GREEN DEAL HAT SEIT SEINER ANKÜNDIGUNG BEMERKENSWERTE FORTSCHRITTE GEMACHT, ABER ENTSCHEIDENDE BEREICHE BLEIBEN POLITISCH BRISANT.

„Wenn es den politischen Entscheidungsträgern in der EU mit der Renovierungswelle ernst ist, müssen sie Gebäuden und Effizienzmaßnahmen in den nächsten fünf Jahren viel mehr Aufmerksamkeit schenken", erklärt Joyce. „Die EU und die Mitgliedstaaten müssen zusammenarbeiten, um die in der Europäischen Gebäuderichtlinie festgelegten Lösungen rasch umzusetzen, umfassende Renovierungen zu finanzieren und in Zusammenarbeit mit dem Privatsektor zentrale Anlaufstellen einzurichten, damit Menschen, die ihre Häuser energetisch sanieren wollen, leicht verlässliche Informationen finden können."

Joyce ist der Meinung, dass sich die politischen Entscheidungsträger nicht nur auf die Gesetzgebung konzentrieren sollten, sondern dass sie auch anfangen müssen, anders zu denken, wenn die Ziele des Green Deal wirklich erreicht werden sollen. „Politische Entscheidungsträger und die Öffentlichkeit sind im Bezug auf Energie im Großen und Ganzen in einer Denkweise des 20. Jahrhunderts gefangen", kommentiert er. „Sie konzentrieren sich nach wie vor auf die große, zentralisierte Energieerzeugung und sehen Effizienzmaßnahmen als Entbehrung, als ein Opfer, und nicht als eine Lösung, die letztendlich die Energiekosten senkt, hochwertige Arbeitsplätze schafft und die Lebensqualität der Menschen verbessert."

SOZIALE KLUFT

„Bei den viel versprochenen sozialen Aspekten des europäischen Green Deal muss die EU erst noch anfangen. Dabei haben wir von Tempo erhöhen noch gar nicht gesprochen", meint Ludovic Voet, der beim Europäischen Gewerkschaftsbund für Klima und gerechten Übergang zuständig ist. Die Initiative hat bisher „die sozialen Auswirkungen völlig außer Acht gelassen und den gerechten Übergang nicht wirklich verankert." Die europäischen Gewerkschaften fordern einen „Rahmen für einen gerechten Übergang auf EU-Ebene", der den „Green Deal ergänzen" soll. Die derzeitigen Maßnahmen der EU seien „zu sehr auf kohlenstoffintensive Regionen und Arbeitsplätze beschränkt" und reichten bei weitem nicht aus, „um die Arbeitswelt zu verändern“, so Voet.

Er erläutert eine Reihe von Maßnahmen, die zu einem solchen Rahmen gehören würden, wie z. B. ein „granulares Mapping“ für jede Klimamaßnahme, welches die Auswirkungen auf die Kompetenzen und Arbeitsplätze in jeder Region und jedem Sektor zeigt. Auf diese Weise könnten Änderungen vorausgesehen und die notwendigen Diskussionen mit den Beschäftigten eingeleitet werden. Der gerechte Übergang braucht auch mehr Finanzierung, und die Beschäftigten müssen an den Diskussionen über die Wege für den Übergang beteiligt werden. „Ein Risiko des grünen Übergangs“ besteht darin, dass ältere Beschäftigte nicht umgeschult werden und in zehn Jahren, wenn die Ziele erreicht werden müssen, durch „jüngere, weniger gut bezahlte Personen ersetzt werden.

Ohne solche Schritte, so Voet, sollten europäische Politiker nicht von einer „Gegenreaktion“ auf den Green Deal überrascht sein.

Ähnlich sagt Röhrig vom Climate Action Network Europe, dass das Geld zur Abfederung der sozialen Auswirkungen der Ausweitung der EU-CO_2-Steuer auf Heizungssysteme in Haushalten und den Verkehr, der soziale Klimafonds, ein „nützlicher erster Schritt“ sei, um „den sozialen Zusammenhalt besser in die grüne Transformation zu integrieren.“ Dennoch sei der Fonds zu klein und „eindeutig unzureichend, um tiefer gehende strukturelle Probleme im Zusammenhang mit der Armutsbekämpfung und -vermeidung anzugehen“, sagt er.

Der „politische Druck durch die Krise der Lebenshaltungskosten“ dürfe aber nicht dazu führen, „dass die klimapolitische Agenda ausgebremst wird“, argumentiert Röhrig. Ein solcher Vorstoß wäre fehlgeleitet: „Unzureichende Maßnahmen gegen den Klimanotstand werden zu noch schwerwiegenderen sozialen Ungleichgewichten führen, die sich negativ auf die Gesundheit und die Widerstandsfähigkeit insbesondere von ohnehin schon marginalisierten Gruppen auswirken.“

Vielleicht am wichtigsten für die Aufrechterhaltung und Steigerung des Erfolgs des Green Deal ist die Notwendigkeit, zu klären, wie all diese Veränderungen nach 2026 finanziert werden sollen, wenn der aktuelle EU-Haushalt und die NextGenerationEU-Finanzierung auslaufen.

„Wir brauchen Investitionen, wenn wir wollen, dass die Mitgliedstaaten den Green Deal umsetzen, und viele Länder werden nicht den finanziellen Spielraum haben, um dies allein zu tun“, unterstreicht Todts und fordert einen „langfristigen Investitionsplan“ mit einem Zeithorizont von fünf bis zehn Jahren. Wenn es Investitionen, Geld und Arbeitsplätze gibt, sind wir auf dem richtigen Weg", sagt er abschließend.

Zusammenfassend lässt sich sagen, dass der Europäische Green Deal seit seiner Ankündigung bemerkenswerte Fortschritte gemacht hat. Er hat die Pandemie, den Krieg in der Ukraine und die Energiekrise überstanden. Aber entscheidende Bereiche wie die Landwirtschaft bleiben politisch brisant und weitgehend unangetastet. Nach 2024 wird der Green Deal von der Regulierung und den Zielvorgaben zu der viel schwierigeren Phase übergehen müssen, in der es darum geht, Industriepolitik, Sozialpolitik und öffentliche Investitionen einzusetzen, um einen anhaltenden Erfolg zu gewährleisten.

PHILIPPA NUTTALL
ist eine in Brüssel ansässige Journalistin, die über die Klima- und Biodiversitätskrise berichtet. Zuvor war sie Umweltredakteurin beim *New Statesman* und hat für das Magazin *Prospect*, für die *Financial Times* und für zahlreiche Fachpublikationen zum Thema Klima und Energie geschrieben.

Europas Kriege: Die Ukraine an der Frontlinie der friedlichen Einheit

Könnte die EU-Erweiterung in Verbindung mit der Anerkennung ihres imperialistischen Erbes und der Einführung einer europaweiten gemeinsamen Staatsbürgerschaft den streitenden Nationalstaaten ein Ende setzen?

Die Erweiterung der Europäischen Union ist im Jahr 2022 wieder am geopolitischen Horizont aufgetaucht. Der Beitritt aufstrebender Länder stand wieder auf der Tagesordnung, als Russland seinen Krieg gegen die Ukraine eskalierte. Die militärischen Angriffe auf den ukrainischen Staat bedrohten auch ein geeintes Europa, und Kriegsverletzungen lassen ein Gefühl der Dringlichkeit, aber auch Trugbilder entstehen, die den unerträglichen Schmerz lindern sollen.

Seitdem haben sich verschiedene andere internationale Konflikte auf die östlichen und südlichen Gebiete der EU ausgewirkt. Von der militärischen Besetzung des von Armenien kontrollierten Bergkarabach durch Aserbaidschan bis hin zu den erneuten Spannungen zwischen Serbien und dem Kosovo, den Umstürzen in der Sahelzone und einem umfassenden israelisch-palästinensischen Krieg: Diese unterschiedlichen bewaffneten Auseinandersetzungen haben die EU im vergangenen Jahr regelrecht eingekreist. Diese zahlreichen Kriege haben bereits bestehende Spannungen aufgenommen und neue hervorgebracht.

Während einige westliche Stimmen behaupten, die Ukraine sei nicht dankbar genug für die Unterstützung, die sie erhalten hat, um sich zu schützen und die Angreifer abzuwehren, ist genau das Gegenteil der Fall. Der ukrainische Widerstand hat die russische Aggression bisher innerhalb seiner Grenzen eingedämmt, so dass die EU-Länder weiterhin in Frieden leben können. Auf politischer Ebene war die Selbstverteidigung der Ukraine

VASYL CHEREPANYN ist Leiter des Forschungszentrums für visuelle Kultur in Kiew (Ukraine) und Organisator der Kiewer Biennale.

für die europäische Einigung von großem Vorteil.

Im Vorfeld entscheidender Wahlen erlebt die EU sowohl im Innern als auch weltweit einen Aufschwung der extremen Rechten. Das Wiederaufleben des Faschismus zeichnet sich ab und bedroht das Überleben des vereinten Europas. In dieser Situation sollte die Erweiterungspolitik als Mittel zur Erhaltung des Projekts EU betrachtet werden. Wenn man die Erweiterung nicht nur als technokratisches Verfahren mit einer Reihe von institutionellen Anforderungen (die zwangsläufig ebenfalls erforderlich sein werden), sondern auch als Prozess der Neugründung Europas, wird sie dafür sorgen, dass die EU sich das zu eigen macht, woran es ihr in ihrer jetzigen Form mangelt.

Das größte und schwierigste Problem der EU ist ihre Gründung als Reaktion auf den Krieg. Konzipiert als vereinigendes Nachkriegsprojekt, um Tony Judts berühmte Beschreibung aufzugreifen, hat sich die EU das „nie wieder" zum Leitprinzip gemacht. Doch im Gegensatz zur universellen Anziehungskraft von Käthe Kollwitz' Kunstwerk über die menschliche Verfassung im Krieg geht die EU in der Praxis davon aus, dass „es uns nie wieder passieren sollte." Solche Anfänge haben einen reaktiven Modus Operandi innerhalb der EU-Politik definiert, der nicht in der Lage ist, vorausschauend zu handeln, ständig zu spät kommt und kaum mit den tatsächlichen Entwicklungen Schritt hält.

Die EU steht vor einem militärischen Dilemma Sie hat keine Erfahrung damit, ohne die NATO – mit anderen Worten, also die USA – und ihren nuklearen Schutzschirm zu existieren, und doch besteht ihre dringendste Aufgabe darin, eine funktionierende erweiterte Union zu ermöglichen und ein Nachkriegsprojekt in ein „Vorkriegsprojekt" zu verwandeln. Bis heute ist es ihr nicht gelungen, einen proaktiven und effizienten Mechanismus zu entwickeln, der Kriege nicht nur innerhalb, sondern auch jenseits ihrer Grenzen verhindern kann, wo immer eine erneuerte EU die Hand ausstrecken und politischen Druck ausüben könnte. Der bewaffnete Kampf in der Nachbarschaft ist eine Garantie für politische Risse im Innern, und wenn Russlands Kriegsführung nicht durch internationale Bemühungen unterbrochen wird, werden sich die heutigen liberalen politischen Kräfte in ganz Europa schon bald in einer tiefen Opposition wiederfinden und darüber nachdenken, wie großartig die Idee eines vereinten Europas gewesen ist.

Die zweite für die Zukunft Europas entscheidende Frage ist die Bewältigung der imperialen Vergangenheit und ihrer anhaltenden Hinterlassenschaften. Die EU muss aufhören, so zu tun, als sei sie eine Koalition von Nationalstaaten, die sich in gegenseitigem Einvernehmen zur friedlichen Zusammenarbeit zusammengefunden haben. Stattdessen muss sie anerkennen, dass ein geeintes Europa seinem Wesen nach ein post-imperiales Projekt ist, das erst nach dem Untergang der europäischen Imperien möglich wurde. Bislang ist die EU den Kolonialismus nur auf unverfänglichem Terrain, durch Kultur und Kunst, behutsam angegangen. Während der Rest der Welt, insbesondere der so genannte Globale Süden, Europa in erster Linie und zwangsläufig durch eine postkoloniale Linse betrachtet, ist das Thema nicht ernsthaft in die interne Realpolitik eingeflossen.

Die Anerkennung der EU als eine Entität mit imperialistischem Erbe ist auch im Falle Russlands sehr aufschlussreich – nur die militärische Niederlage des Imperiums und sein anschließender Zusammenbruch können einen progressiven postimperialen Wandel bewirken. Außerdem vereint die Union sowohl ehemalige Imperien als auch kolonisierte Länder, von denen einige eine verwobene Geschichte haben. Diese grundlegende Dimension des Erbes der EU wird bei einer Erweiterung nach Osten und Süden noch mehr an Bedeutung gewinnen, da ihre historische Tiefe zunehmen wird. Eine gründliche Auseinandersetzung mit dem nicht ausgemerzten Kolonialismus ist ein zuverlässiges Mittel für ehrenvolle Beziehungen und eine wirksame Interdependenz in der Zukunft.

Eine dritte Voraussetzung für die Verwirklichung des europäischen Projekts betrifft die Staatsbürgerschaft. Damit ein erneuertes, erweitertes EU-Modell die neuen globalen Herausforderungen bewältigen kann, muss seine rechtliche Grundlage überarbeitet und auf einer gesamteuropäischen Basis bekräftigt werden. Die Einführung einer gemeinsamen europäischen Staatsbürgerschaft würde die erste internationale Demokratie der Geschichte schaffen und die Grenzen der Nationalstaaten überwinden.

Durch das Fehlen einer Perspektive für die gemeinsame Staatsbürgerschaft war das historische Scheitern der europäischen Verfassung vor fast zwanzig Jahren vorprogrammiert. Wenn ein Gemeinwesen darauf abzielt, demokratische Macht über bestimmte Gebiete zu konstituieren, müssen die Menschen überall gleichberechtigte Bürgerinnen und Bürger bezeichnet werden – civilitas oder die Regierungspolitik sollte mit civitas oder der durch das Gesetz vereinten Bürgerschaft Hand in Hand gehen. Die Einführung einer gemeinsamen europäischen Staatsbürgerschaft für Völker unterschiedlicher Herkunft aus verschiedenen europäischen Ländern wäre nicht nur ein revolutionärer Moment der EU-Erweiterung, der den gesamten Kontinent verändern würde, sondern auch ein entscheidender Schritt, um der Kriegslogik, die Osteuropa allmählich absorbiert, ein wirkliches Ende zu setzen.

Da der Grundsatz „nie" unwiederbringlich verloren ist, könnte dies die einzige Möglichkeit für Europa sein, die immer wiederkehrenden Kriege zu beenden. ■

DIE FRAUEN VON VENTOTENE

Auch wenn ihre Namen nicht so bekannt sind wie die der männlichen Verfasser des *Manifests von Ventotene,* spielten Frauen eine entscheidende Rolle bei der Entwicklung und Verbreitung des europäischen föderalistischen Denkens. Ein Gespräch mit der Historikerin Antonella Braga rekonstruiert die Verbindung zwischen dem persönlichen Leben und dem politischen Engagement der „Gründerinnen" Europas.

ARTIKEL VON
ANTONIA FERRI

Die eine hat intelligente Augen und ihr Haar hochgesteckt; die andere ist groß, hat dunkles Haar, spöttische Augen und eine starke unabhängige Ader. Es handelt sich um Ursula Hirschmann, eine jüdische deutsche Intellektuelle, und Ada Rossi, eine italienische antifaschistische Aktivistin. Ihr Ziel ist ein föderales Europa und das Ende dessen, was Ada als das „radikal Böse" bezeichnet: den Krieg.

In der allgemeinen Geschichtsschreibung sind diese beiden Frauen vor allem als Ehefrauen in Erinnerung geblieben: Ada von Ernesto Rossi und Ursula von Altiero Spinelli (und davor von dem Antifaschisten Eugenio Colorni), den Verfassern des *Manifests von Ventotene*. Doch die Geschichte des *Manifests*, das 1941 unter dem Titel *Für ein freies und vereinigtes Europa* verfasst wurde und als einer der Grundlagentexte der Europäischen Union gilt, ist nicht nur eine Geschichte von Männern.

Tatsächlich waren es Ada Rossi und Ursula Hirschmann, die das *Manifest* auf das italienische Festland und von dort nach Europa brachten, da sie frei auf die Insel Ventotene, auf der ihre Ehemänner vom

DAS POLITISCHE ENGAGEMENT DER FRAUEN UND DIE GESCHICHTE DER FÖDERALISTISCHEN BEWEGUNGEN SIND MIT PERSÖNLICHEN LEBEN VERWOBEN.

faschistischen Regime gefangen gehalten wurden, und hin und wieder zurückreisen konnten.

Sie verteilten trotz der drohenden Repressionen, die sie bereits in der Vergangenheit erlebt hatten, Exemplare des *Manifests* und begannen, die aus der Erfahrung des nazifaschistischen Widerstands geborenen Ideale des europäischen Föderalismus zu verbreiten, um einen gemeinsamen politischen, wirtschaftlichen und sozialen Rahmen zu schaffen, der den Frieden garantieren würde.

Hirschmann übersetzte den Text ins Deutsche, um ihn an die antinazistische Widerstandsbewegung zu verteilen. In Bergamo ließ Rossi den Text von der Partisanin Mimma Quarti abtippen und verteilte ihn in antifaschistischen Kreisen und an Universitäten. Diese heimliche Aktion führte zu ihrer Festnahme und Inhaftierung sowie zur Trennung von ihrem geliebten Ernesto, bis sie im August 1943 freigelassen wurde.

DAS PRIVATE IST POLITISCH

„In jenen Jahren gab es unter den Frauen, die sich in der föderalistischen Bewegung engagierten, sicherlich ein Bewusstsein für die Notwendigkeit, auch einen Geschlechterkampf zu führen", erklärt Antonella Braga, eine Expertin der europäischen antifaschistischen und föderalistischen Bewegung. „Aber das war eine Frage, die sich erst später stellte. Zu diesem Zeitpunkt ging es vorrangig darum, den Nazifaschismus zu besiegen und ein neues Europa zu schaffen, und dabei war die Rolle der Frauen präsent und wichtig."

Hirschmann und Rossi galten nicht als Mitverfasserinnen des *Manifests*, und im Gegensatz zu den Deutschen Hilda Monte und Anna Siemens spielten sie keine direkte Rolle bei dessen theoretischer Ausarbeitung. Ihr wichtigster Beitrag zur antifaschistischen und föderalistischen Bewegung konzentrierte sich auf den Vertrieb: „Sie fungierten als

Verbindungsoffiziere, wie Postbeamte, oder, wie die Kommunisten sie nannten, ‚Flamingos'."

Dennoch beteiligten sich beide aktiv am Gedankenaustausch. In einem Brief an ihren Mann Ernesto schrieb Ada, dass sie im ersten Entwurf des *Manifests* grundlegende Themen fand, die sie oft diskutierten, wie „den Schrecken des Krieges, das dämonische Gesicht des Nationalismus und das Projekt eines föderalistischen Europas", zudem die Grundlagen für sozialistische, liberale Reformen.

Ihre Hingabe an die Sache und die Verankerung ihres inneren Ideals sind auch angesichts eines Privatlebens voller Verantwortung nicht ins Wanken geraten. Das politische Engagement der Frauen und die Geschichte der föderalistischen Bewegungen sind mit persönlichen Leben, Freundschaften, Leidenschaften und Liebesgeschichten verwoben. Hirschmann hatte drei Kinder aus ihrer ersten Ehe mit Eugenio Colorni und drei weitere aus ihrer Beziehung mit Altiero Spinelli, den sie in Ventotene kennen gelernt hatte.

Colorni war ebenfalls auf der Insel gefangen, und es war ihre sowohl leidenschaftliche als auch qualvolle Beziehung zu ihm, die dazu führte, dass sie an den Diskussionen teilnahm, die der Verfassung des *Manifests* vorausgingen. Colorni ist nicht unter den Autoren aufgeführt, doch nach seiner Rückkehr nach Rom wurde er der erste Redakteur des Textes.

Aus dem Freundeskreis, der sich um das *Manifest* und seine Verfasser bildete, ging die Europäische Föderalistische Bewegung hervor, die am 27. und 28. August 1943 in der Wohnung des Waldenser-Antifaschisten Mario Alberto Rollier in Mailand gegründet wurde. Daraufhin schlossen sich Föderalisten aus Italien, Frankreich, Deutschland und ganz Europa der Bewegung an, die ihre Inspiration für ein vereintes, föderalistisches Europa aus der nazifaschistischen Unterdrückung und den Schrecken der Weltkriege bezogen.

Zum antifaschistischen Kreis von Rollier gehörten die Geschwister Spinelli, Gigliola und Cerilo sowie der aus Ventotene freigelassene Altiero und Eugenio Colorni. Die endgültige Trennung von Hirschmann vollzog sich in Mailand, wo sie ihre Beziehung zu Spinelli festigte. Zur Gruppe gehörten auch Ada Rossi und die Schriftstellerin, Malerin und Aktivistin Luisa Villani Usellini, die sich mit Colorni einließ und ihm später nach Rom folgte. Obwohl Usellini nicht sehr bekannt war, hinterließ sie in den politischen und gesellschaftlichen Kreisen, in denen sie verkehrte, bedeutende Spuren, erklärt Braga.

HINGABE UND ENTTÄUSCHUNG

Diese romantischen Beziehungen zeigen eine menschliche Seite der antifaschistischen politischen Bewegungen der Nachkriegszeit, und in diesem Sinne gehen sie über Klatsch und Tratsch hinaus. Das Privatleben der Befürworter eines vereinten Europas spiegelt auch ihren politischen Status und die emotionalen Folgen der Verluste und des Leids wider, die die Regime und ihre Kriege mit sich brachten.

Dies gilt umso mehr für die Frauen des Föderalismus. Ernesto zuliebe, der nihilistisch war und oft an Depressionen litt, verzichtete Ada Rossi darauf, Kinder zu bekommen, obwohl sie sich welche wünschte, und tat alles, was sie konnte, um umgeben von fürsorglichen Menschen ein ruhiges familiäres Umfeld zu schaffen. Zu dieser schwierigen privaten Situation kam die Enttäuschung über das Scheitern des föderalistischen Projekts hinzu, als sich nach dem Krieg ein Europa der Nationen herausbildete, das auf der Grundlage der imperialistischen Mächte des Kalten Krieges in zwei gegensätzliche Blöcke aufgeteilt war.

Hirschmann und Usellini erlebten ähnliche Enttäuschungen. Im März 1945 beteiligte sich Hirschmann als Partnerin von Spinelli an der Organisation der Internationalen Konferenz der europäischen Föderalisten in Paris, an der auch Albert Camus und George Orwell teilnahmen. Hirschmann war jahrelang Sekretärin des römischen Zweigs der föderalistischen Bewegung und blieb trotz wiederholter Misserfolge beim Aufbau einer europäischen politischen Union an der Seite von Altiero.

In den letzten Jahren ihres Lebens zeigte sich Hirschmann auch von ihrer sanfteren Seite. „Es gibt eine schöne Geschichte, die ich in den Privatarchiven von Luisa Villani Usellini entdeckt habe. Es war eine Notiz, die Ursula Hirschmann an Luisa schickte und in der stand: ‚Kümmere dich um Eugenio'", sagt Braga. Sie hatte verstanden, dass zwischen Usellini und ihrem ersten Ehemann mehr als nur eine Freundschaft bestand.

Usellini wird von Braga als aktive Partisanin im Kampf gegen den Faschismus und als Bezugspunkt für viele andere Frauen beschrieben. Während des Krieges bestand ihre Aufgabe in der Schaffung von Kontakten, in der politischen Schulung und in der Herausgabe und Verbreitung von Geheimzeitungen. Von Juli 1944 bis März des folgenden

EIN EUROPA, DAS AUF RECHTEN UND FREIHEIT BERUHT, BIETET DEN FRAUEN EINE NOCH BESSERE MÖGLICHKEIT DER EMANZIPATION.

Jahres leitete sie *La Donna Socialista* [Die sozialistische Frau], eine zweiwöchentliche Beilage der römischen sozialistischen Zeitung *Avanti!*. „Als sie ihr Leben mit Colorni begann, erlebte Usellini einen wichtigen Moment der Unabhängigkeit und Emanzipation von ihrem früheren Ehemann [dem antifaschistischen Drehbuchautor und Schriftsteller Guglielmo Usellini], der sie als Frau manchmal eingeschränkt hatte." Als Guglielmo aus dem Gefängnis freigelassen wurde, blieb Luisa in Rom, statt ihm in die Schweiz zu folgen.

Zusammen mit Colorni begann Usellini eine Phase des politischen Aktivismus, die zu ihrem föderalistischen Engagement führte, das nach dem Lesen des *Manifests von Ventotene* entstand, in dem „der Krieg nicht als unvermeidliches Schicksal dargestellt wurde, sondern als Folge der internationalen Anarchie und der Teilung Europas in souveräne Nationen", erklärt Braga.

Usellinis Pflichtbewusstsein war unermüdlich. Nach der Inhaftierung ihres Mannes schrieb sie in ihr Tagebuch: „Es gibt wirklich nicht mehr viel zu schreiben, es ist Zeit zu sehen, was ich tun kann." Auch nach dem plötzlichen Tod von Colorni, der sie sehr schmerzte, ließ ihre Hartnäckigkeit nicht nach. Colorni wurde bei einem faschistischen Angriff der Banda Koch, einer für ihre Gewalt und Grausamkeit bekannten Antipartisanenmiliz, schwer verletzt und starb am 30. Mai 1944, nur fünf Tage vor der Befreiung Roms und fast ein Jahr vor der Befreiung Mailands am 25. April 1945.

Während Ernesto Rossi, Spinelli und Hirschmann vom Genfer Exil aus weiter das föderalistische Ideal verfolgten, fand sich Usellini in einem befreiten Rom wieder. „Rom erlebte eine Art Aufschwung in der Nachkriegszeit, und die Aktivisten hatten das Bedürfnis, sich über die Parteien, denen sie angehörten, wieder dem politischen Kampf zu widmen. Usellini fühlte sich daher von ihren früheren Weggefährten enttäuscht und im Stich gelassen." Obwohl sie Sozialistin war, war Usellini vor allem eine Föderalistin, die an die dringende Notwendigkeit glaubte, ein Europa zu schaffen, das für die Menschen und nicht für die Nationen gemacht ist.

Damit stand sie im Gegensatz zur Partito Socialista di Unità Proletaria (Sozialistische Partei der Proletarischen Einheit, PSIUP), die sich in der neuen bipolaren Welt der Partito Comunista Italiano (Kommunistische Partei Italiens, PCI) annäherte. „Sie verstand dann, nachdem sie es aus der Nähe gesehen hatte, dass die Anglo-Amerikaner nicht die Absicht hatten, den Föderalismus zu übernehmen", erklärt Braga. Zusammen mit Veniero Spinelli, dem Bruder von Altiero, und seiner Frau Ingrid Warburg gründete Usellini das Movimento Autonomista di Federazione Europea (MAFE), die Bewegung der Europäischen Föderation der Autonomen.

„Die MAFE orientierte sich am französischen Föderalismus und hatte die Vision einer globalen Revolution, die viele verschiedene Bereiche erfassen würde: politische, soziale, kulturelle und auch religiöse. Es war ein radikal föderalistisches Projekt. Die Idee war eine Revolution, die sich auf verschiedenen Ebenen entwickeln sollte, angefangen bei den Gemeinden, über eine Reihe von regionalen Föderationen, bis hin zu einer europäischen und schließlich einer globalen Föderation."

Mit größeren Ambitionen kamen jedoch auch größere Enttäuschungen. Dennoch erlaubt uns Usellinis Erfahrung zu verstehen, wie die Idee des Föderalismus von oben nach unten durch die Einrichtung einer nationalen Macht mit der Idee des Föderalismus von unten nach oben, der auf einem System lokaler Autonomien aufbaut, zusammenkommt. Diese beiden Ansätze bilden zusammen das Ideal einer politischen Macht, die die Zentralität der Nationen reduziert. „Es ist ein ursprüngliches Projekt, das irgendwie verraten wurde. Ein Projekt, das nicht den Tod des Nationalstaates, sondern die Aufteilung der Souveränität auf mehrere Regierungsebenen erforderte."

GESCHLOSSENHEIT ALS EMANZIPATION

Diese Spannung ist auch im heutigen Europa noch vorhanden. „Die bevorstehenden Europawahlen sind von grundlegender Bedeutung. Wir müssen den Menschen begreiflich machen, dass wir einen Schritt in Richtung einer politischen Einigung machen müssen, die durch eine Verfassung legitimiert ist, sonst läuft Europa Gefahr, zu einem Raum des freien Austauschs zu verblassen, der langsam auseinanderfällt."

Spinelli, Ada und Ernesto Rossi, Hirschmann, Usellini, Colorni und all die anderen europäischen Föderalisten verfolgten ein Ideal, welches zur Beendigung aller Kriege geführt hätte. Interne Meinungsverschiedenheiten standen eher im Hintergrund.

„Diese föderalistischen Frauen hatten zutiefst unabhängige, politische Ideale, und sie erkannten den Wert ihres politischen Engagements. Heute geht es bei Geschlechterkämpfen oft um die Bestätigung auf wirtschaftlicher Ebene. Stattdessen haben diese Frauen in einer Zeit, in der dies für Frauen nicht einfach war, eine führende Rolle im politischen Aktivismus übernommen."Hirschmann war weiterhin politisch aktiv, bis sie Anfang 1976 einen schweren Schlaganfall erlitt. Ein Jahr zuvor hatte sie den Verein Femmes pour l'Europe [Frauen für Europa] gegründet. „Sie erkannte, dass der Aufbau eines Europas, das vor allem auf Rechten und Freiheit beruht, den Frauen eine noch bessere Möglichkeit der Emanzipation bietet."

In den 1970er Jahren versuchte Hirschmann, die feministischen Bewegungen, die sowohl der bürgerlichen Gesellschaft als auch dem europäischen Projekt ablehnend gegenüberstanden, für die föderalistische Sache zu gewinnen. Sie wollte, dass diese beiden Welten, die nicht dieselbe Sprache sprechen, eine gemeinsame Basis finden. Sie betrachtete sich nicht als Italienerin, Deutsche oder Jüdin, sondern als eine der „Entwurzelten, die nichts zu verlieren haben, als unsere Ketten in einem vereinten Europa." „Und deshalb", schrieb sie, „sind wir Föderalisten."

ANTONIA FERRI
ist freiberufliche Journalistin und arbeitete zuvor für die Zeitung *Il Foglio*. Ihre Arbeit konzentriert sich auf Grenzen aller Art, sowohl materiell als auch immateriell.

„EUROWHITENESS"
DIE ZIVILISATORISCHE WENDE IN EUROPA

EIN INTERVIEW MIT
HANS KUNDNANI

Von der Migration bis zur Außenpolitik ist die einst nach außen gerichtete EU in die Defensive geraten. Äußere Einflüsse werden nicht nur von rechtsextremen Politikern, sondern auch von pro-europäischen Stimmen als zivilisatorische Bedrohung dargestellt. Dieser identitäre Wandel lässt die Verbindung zwischen Europa und dem Weißsein wieder aufleben, die im Integrationsprozess nach dem Zweiten Weltkrieg an den Rand gedrängt, aber nie richtig angesprochen wurde.

GREEN EUROPEAN JOURNAL: In Ihrem Buch „*Eurowhiteness*" sprechen Sie über die zivilisatorische Wende Europas. Was meinen Sie damit? Wann hat sie begonnen, und wann wurde sie offensichtlich?

HANS KUNDNANI: Wann sie begann, ist nicht ganz klar. Vielleicht ist sie noch nicht einmal jetzt erkennbar, zumindest für viele Menschen. Ich begann etwa in den Jahren 2020/2021 über die zivilisatorische Wende nachzudenken. Aber im Rückblick war die Flüchtlingskrise im Jahr 2015 der kritische Punkt.

In den zwei Jahrzehnten zwischen dem Ende des Kalten Krieges und 2010 befand sich die EU in einem expansiven, offensiven Modus. Sie war optimistisch und nach außen gerichtet und stellte sich eine Welt vor, die fast nach ihrem eigenen Bild gestaltet werden konnte. Der Satz der dies ab besten beschreibt ist der Titel eines Buches von Mark Leonard vom European Council on Foreign Relations, *Why Europe*

Will Run the 21st Century. Die Krise der Eurozone, der Arabische Frühling im Jahr 2011 und die russische Annexion der Krim im Jahr 2014 beendeten diese selbstsichere, optimistische Phase. Europa beginnt, sich in der Defensive zu sehen.

Der Wandel ist also bereits in der ersten Hälfte der 2010er Jahre zu beobachten, aber mit der Flüchtlingskrise im Jahr 2015 nimmt diese Defensivhaltung eine andere Form an. Die EU sieht sich nicht nur von Bedrohungen umgeben, sondern nimmt diese Bedrohungen nach 2015 auch in zivilisatorischer Hinsicht wahr. Das ist die zivilisatorische Wende, bei der Bedrohungen nicht mehr ideologisch, geopolitisch oder realistisch gesehen werden, sondern im Kontext eines „Kampfes der Kulturen", wie Huntington ihn beschreibt – als Bedrohung einer europäischen Zivilisation, die es zu schützen gilt.

In Ihrem Buch argumentieren Sie, dass dieser Wende das Phänomen „Eurowhiteness" zugrunde liegt. Was ist das, und woher stammt der Begriff?

Ich leihe mir diesen Begriff von József Böröcz, einem amerikanischen Soziologen. Er verwendet den Begriff in einer ganz bestimmten Weise, um die interne Hierarchie innerhalb der, wie er es nennt, „Struktur des Weißseins" zu diskutieren. Er unterscheidet, grob gesagt, zwischen Menschen aus Westeuropa, solchen aus Mittel- und Osteuropa und Menschen aus Südeuropa, die den Wunsch haben, ganz weiß zu werden. Ich verwende den Begriff auf eine etwas andere Weise. Ich unterscheide zwischen ethnisch-kulturellen Versionen der europäischen Identität auf der einen Seite und bürgerlichen Versionen auf der anderen. Dabei stütze ich mich auf Nationalismustheorien, die zwischen ethnisch-kulturellem Nationalismus und bürgerlichem Nationalismus unterscheiden, und wende sie auf das an, was ich „Regionalismus" nenne, also auf Europa.

Für mich ist „Eurowhiteness" eine ethnisch-kulturelle Idee von Europa. Mein Argument lautet, dass es sowohl ethnisch-kulturelle als auch bürgerliche Strömungen von Ideen über Europa gibt, die zumindest bis zur Aufklärung zurückreichen. Insbesondere spreche ich von „Eurowhiteness", um anzudeuten, dass Europa und Weißsein etwas miteinander zu tun haben, was irgendwie offensichtlich ist, wenn man darüber nachdenkt, auch wenn darüber nicht gern gesprochen wird. Die Idee einer europäischen Nachkriegsidentität, die sich auf die EU konzentriert, ist eine, von der viele Pro-Europäer glauben wollen, dass sie nichts mit Weißsein zu tun hat. Ich behaupte jedoch, dass die ethnisch-kulturelle Version der europäischen Identität nach dem Zweiten Weltkrieg fortbestanden hat und die europäische Integration selbst beeinflusst und geprägt hat.

Die zivilisatorische Wende der EU mag also in den letzten Jahren deutlicher zutage getreten sein, aber sie hat das eher bürgerliche Verständnis von Europa weder ersetzt noch verdrängt. Dieses war durchgehend präsent.

Die ethnisch-kulturellen Vorstellungen von Europa gehen auf das Mittelalter zurück, als Europa gleichbedeutend mit dem Christentum war und die Bedeutung von „europäisch sein" im Wesentlichen mit „christlich sein" gleichgesetzt wurde. In der Moderne, beginnend mit der Aufklärung, hat sich eine bürgerliche Vorstellung von Europa herausgebildet. Von da an sind sowohl die ethnisch-kulturellen als auch die bürgerlichen Strömungen präsent und interagieren auf sehr komplexe Weise. In der Zeit nach dem Zweiten Weltkrieg glauben die Befürworter der europäischen Identität gerne, dass das ethnisch-kulturelle Element der europäischen Identität verschwunden ist, und wahrscheinlich hat es auch etwas an Bedeutung verloren. Schockierend ist jedoch, dass es jetzt wieder auflebt.

In welchen Bereichen der heutigen EU-Politik sehen Sie die zivilisatorische Wende?

Sie ist vor allem in der Migrationspolitik sichtbar. Seit 2015 baut Europa faktisch eine Mauer im Mittelmeer. Mit anderen Worten unterscheidet es sich nicht sehr von der Politik, die Trump während seiner Amtszeit als US-Präsident verfolgte, nur dass es sich hier nicht um eine Landgrenze zu Mexiko, sondern um eine Seegrenze zu Nordafrika handelt. Laut Human Rights Watch lässt sich die EU-Migrationspolitik in drei Wörtern zusammenfassen: „Lasst sie sterben." Seit 2014 sind 28.000 Menschen im Mittelmeer ums Leben gekommen. Im Jahr 2023 waren es mehr als 2000. Das Mittelmeer ist die tödlichste Grenze der Welt.

Seit Ursula von der Leyen 2019 Präsidentin der Europäischen Kommission wurde, gibt es einen EU-Kommissar für die

„Förderung unserer europäischen Lebensweise.“ Ursprünglich lautete die Bezeichnung „Schutz unserer europäischen Lebensweise.“ Es gab einen albernen Streit im Europäischen Parlament über dieses Wort, aber das eigentliche Problem ist nicht das Wort, sondern die Formulierung „unsere europäische Lebensweise.“ Die Aufgabe des Kommissars für die Förderung unserer europäischen Lebensweise besteht zumindest teilweise darin, Migranten fernzuhalten. Es wird sehr deutlich gemacht, dass die Migration nicht nur ein schwer zu bewältigendes politisches Problem, sondern eine Bedrohung für die europäische Lebensweise ist.

Diese Sprache der Zivilisation schleicht sich auch in die europäische Außenpolitik ein. Die extreme Rechte neigt dazu, über die Bedrohung der europäischen Zivilisation durch die Migration zu schwadronieren, aber die rechte Mitte benutzt zunehmend die gleiche Sprache, um die europäische Außenpolitik zu diskutieren. In all den Debatten über europäische Souveränität, strategische Autonomie und ein geopolitisches Europa gibt es ein echtes Gefühl dafür, dass Europa sich gegen Bedrohungen verteidigen muss, die als zivilisatorisch wahrgenommen werden. Die Schlüsselfigur ist hier Frankreichs Präsident Emmanuel Macron. Macron ist ein Politiker, der in der Regierung Hollande zunächst in der linken Mitte angesiedelt war und nun ein Politiker der rechten Mitte oder der radikalen Mitte ist, der ausdrücklich von der Verteidigung der europäischen Zivilisation spricht. Meine Befürchtung ist, dass die extreme Rechte und die zentristischen Parteien zunehmend auf dieselbe Art und Weise denken.

Glauben Sie, dass die Assoziationen zwischen der Idee von Europa und dem europäischen Projekt und dem Weißsein ethnische Minderheiten davon abhalten, sich mit der EU-Politik zu identifizieren?

Ich bin nicht sicher, und ein großer Teil des Buches zielt darauf ab, einige dieser Fragen zur Sprache zu bringen. Für das Großbritannien, das Land, das ich am besten kenne, ist das Bild empirisch ziemlich klar. Anekdotisch, aber auch auf der Grundlage akademischer Forschung und Daten, ist es klar, dass sich nicht-weiße Briten noch weniger mit Europa identifizieren als weiße Briten.

Mein Vater war Inder und meine Mutter ist Niederländerin. Aber selbst in meinem Fall finde ich es schwieriger, mich als Europäer zu identifizieren, als viele weiße Briten es tun. Als ich für eine europäische Denkfabrik arbeitete, sagten einige meiner Kollegen: „Ich bin ein stolzer Europäer“ oder „Ich bin zu 100 Prozent Europäer.“ Und das ist gut so, aber ich könnte das nicht tun. Schließlich bin ich ja auch zum Teil Asiate, nicht wahr? Wenn Sie schwarz sind, werden Sie sagen: „Nun, ich bin zum Teil Afrikaner, richtig? Ich kann nicht komplett europäisch sein.“

ES IST LEICHTER ZU LEUGNEN, DASS RASSISMUS EIN PROBLEM IST, WENN KEINE DATEN AUF BENACHTEILIGUNG HINDEUTEN.

Was bedeutet das nun in der Praxis? Identifiziert man sich als nicht-weißer Mensch, der in Frankreich aufwächst, weniger mit einem europäischen Projekt als mit Frankreich? Intuitiv würde ich wahrscheinlich ja sagen. Aber ich kenne die Antwort darauf nicht, und einer der Gründe, warum wir das nicht mit Sicherheit sagen können, ist, dass es in Kontinentaleuropa so wenig Daten gibt.

In vielen europäischen Ländern gibt es keine Daten über Ethnien oder ethnische Minderheiten. In Frankreich wird das Konzept der Ethnie offiziell nicht anerkannt. In Deutschland wollte man sogar die Erwähnung der Ethnie aus der Verfassung streichen, obwohl es sich um eine Klausel zum Schutz vor Rassendiskriminierung handelte. Warum fühlen sich so viele europäische Länder mit dem Begriff Ethnie so unwohl?

Hier geht es um unterschiedliche Dinge. Der Grund, warum Frankreich dagegen ist, hat, vereinfacht gesagt, mit seiner republikanischen Tradition des *Laizismus* zu tun. Im Fall von Deutschland ist das natürlich ein wenig reduktiv, weil es diese Art von ethnischen Kategorien mit dem Nationalsozialismus in Verbindung bringt. Doch in beiden Fällen bedeutet die Geschichte ihrer politischen Kultur, dass sie einen eingebauten Vorbehalt gegen die Erhebung von Daten über Ethnien und damit gegen Rassendiskriminierung haben. Das wäre die freundlichere Erklärung. Die zynischere Erklärung ist, dass sie leugnen wollen, dass Rassismus ein Problem ist. Es ist leichter zu leugnen, dass Rassismus ein Problem ist, wenn keine Daten auf Benachteiligung hindeuten.

Rassendiskussionen führen unweigerlich zum Kolonialismus zurück. In den unmittelbaren Jahrzehnten nach dem Zweiten Weltkrieg waren die Gründungsmitglieder der EU allesamt weiße europäische Reiche, die sich zusammenschlossen, als sie ihre Kolonien verloren. Warum wird der post-imperiale Teil der Entstehungsgeschichte der EU oft vergessen?

Auch darauf gibt es eine einfühlsame und eine eher zynische Antwort. Lassen Sie mich mit der zynischen Antwort beginnen. Die EU hat sich

WENN MAN DIE WIRTSCHAFTSPOLITIK HERAUSNIMMT, WAS BLEIBT DANN, AUSSER DER KULTUR, NOCH ÜBRIG?

selbst mythologisiert, zum Teil als bewusste Strategie der sogenannten „Regionsbildung", die der Nationsbildung des 19. Jahrhunderts entspricht. Der Mythos ist in der Regel eine beruhigende, positive Erzählung über die eigene Geschichte, die einige Realitäten ignoriert. Nachdem die Kolonialgeschichte Frankreichs oder de Niederlande zu Ende gegangen war, wurde sie in ein „Erinnerungsloch" verbannt, wie der Historiker Tony Judt es ausdrückt.[1] Die Länder machten sozusagen weiter und versuchten, eine schmerzhafte, schwierige Geschichte der Demütigung zu vergessen. Sie wollten den Kolonialismus einfach hinter sich lassen.

Aber ich habe eine etwas andere und weniger zynische Interpretation, warum er in Vergessenheit gerät. Seit den 1960er Jahren wurde der Holocaust zu einer zentralen kollektiven Erinnerung innerhalb der EU und für Pro-Europäer. Tony Judt schreibt, die Anerkennung des Holocaust sei „unsere zeitgenössische Eintrittskarte für Europa." Die Diskrepanz zwischen der Erinnerung an den Holocaust und dem Vergessen des Kolonialismus ist auffallend, und ich würde behaupten, dass diese Diskrepanz eine strukturelle Dimension hat.

Der Holocaust und der Zweite Weltkrieg passen sehr gut in das Narrativ von der EU als Friedensprojekt. Diese eine Geschichte erzählen die Befürworter Europas über die Errungenschaften der EU, vom Schuman-Plan bis zur Überwindung des jahrhundertelangen Konflikts zwischen Frankreich und Deutschland, der im Zweiten Weltkrieg gipfelte. Dieses Narrativ regt die Europäer dazu an, ihre Geschichte fast ausschließlich im Verhältnis zueinander zu betrachten. Es ist die Geschichte Europas als eine interne Geschichte der Interaktion der europäischen Länder untereinander, in der der Rest der Welt völlig vergessen wird. Die externen Lektionen der europäischen Geschichte, was die Europäer dem Rest der Welt angetan haben, aber auch umgekehrt der Einfluss, den der Rest der Welt auf Europa hatte, insbesondere Afrika und der Nahe Osten, werden ausgelöscht.

---

1 Tony Judt (2005). *Postwar: A History of Europe Since 1945*. London: Penguin Press.

Die europäische Geschichte als ein geschlossenes System zu betrachten, bringt die Europäer zusammen. Es erlaubt ihnen, sich als „Schicksalsgemeinschaft" zu sehen. Aber wenn man die Geschichte des europäischen Kolonialismus ins Spiel bringt, hat das fast den gegenteiligen Effekt. Es beginnt, die Europäer zu spalten. Frankreich muss sich zum Beispiel Gedanken machen über seine Geschichte in Algerien, West- und Zentralafrika und Indochina [das heutige Kambodscha, Laos und Vietnam]. Wenn man seine Geschichte als Teil einer anderen Schicksalsgemeinschaft, nämlich der seiner ehemaligen Kolonien, denkt, hat man eine Verantwortung diesen gegenüber. So wie die Pro-Europäer die Deutschen gegenüber Frankreich in der Verantwortung sehen wollen, regt die Auseinandersetzung mit der Geschichte des Kolonialismus die Europäer an, in alternativen Schicksalsgemeinschaften zu denken. Die Gefahr besteht aus pro-europäischer Sicht darin, dass diese Geschichten eine zentrifugale Kraft verkörpern.

Die Geschichte ist noch komplizierter, wenn man Mittel- und Osteuropa oder andere Länder wie Irland mit einbezieht.

Man könnte allenfalls über ein kollektives westeuropäisches Projekt der Reparationen sprechen. Zumindest theoretisch könnte man sich ein kollektives europäisches Projekt der Reparationen zwischen westeuropäischen Ländern wie Frankreich, Belgien, den Niederlanden, Spanien, Portugal und anderen vorstellen. Schließlich neigen wir dazu, den europäischen Kolonialismus als ein konkurrierendes Projekt zwischen verschiedenen europäischen Nationen zu betrachten, aber er war in vielerlei Hinsicht auch kooperativ. Das Problem liegt darin, dass die Mittel- und Osteuropäer ihre Geschichte völlig anders betrachten. Sie sehen sich als Opfer, sicherlich des Imperialismus, manche würden sogar sagen des Kolonialismus. Selbst wenn man also die westeuropäischen Länder zu einer Einigung bringen könnte, und ich denke, davon sind wir weit entfernt, sehen die mittel- und osteuropäischen Länder die Sache doch so anders, dass ich es mir nur schwer vorstellen kann, dass die EU als Ganzes irgendeine Art von Reparationsprojekt in Angriff nimmt.

Gibt es einen Zusammenhang zwischen Eurowhiteness und dem Demokratiedefizit in Europa?

Was die EU tut, ist, grob gesagt, eine Entpolitisierung. Sie nimmt die Politik, insbesondere die Wirtschaftspolitik, aus dem Raum der demokratischen Auseinandersetzung heraus. Das war zu Beginn das Geniale am europäischen Projekt, denn die Entpolitisierung der Kohle- und Stahlpolitik machte einen Krieg zwischen Frankreich und Deutschland materiell unmöglich, wie Robert Schuman sagte. Aus demokratischer Sicht heraus begann diese Entpolitisierung mit dem Fortschreiten des Projekts zum Problem zu werden. Die Wirtschaftspolitik sollte im Zentrum der demokratischen Auseinandersetzung stehen, aber sie wurde aus diesem Raum entfernt – und wenn man die Wirtschaftspolitik herausnimmt, was außer der Kultur bleibt dann noch übrig?

Im Auf und Ab zwischen einer bürgerlichen Idee von Europa und einer ethnisch-kulturellen Idee dominierte die bürgerliche Idee in der langen Zeit zwischen dem Verlust der europäischen Kolonien in den 1960er Jahren und dem Beginn der Krise der Eurozone im Jahr 2010. Diese bürgerliche Idee konzentrierte sich auf die soziale Marktwirtschaft und die entpolitisierte Art des Regierens, die die europäische Integration hervorbrachte. Seit der Finanzkrise ist dieses Modell der sozialen Marktwirtschaft und des Wohlfahrtsstaates jedoch durch den Neoliberalismus ausgehöhlt worden. Inzwischen hat es eine Gegenbewegung gegen die entpolitisierte Regierungsweise der EU gegeben, die zuerst in den Referenden über den Maastrichter Vertrag und später im Verfassungskonvent deutlich wurde.

Das Ergebnis zeigt, dass es in den letzten Jahrzehnten immer schwieriger geworden ist zu sagen, dass Europa für die soziale Marktwirtschaft, den Wohlfahrtsstaat und entpolitisiertes Regieren steht. Ab diesem Zeitpunkt begannen die Befürworter Europas nach einer kulturellen Definition von Europa zu suchen. Die europäische Lebensart bezieht sich nicht mehr auf die soziale Marktwirtschaft oder die Art des Regierens; jetzt geht es darum, die europäischen Bürger vor dem Islam oder dem Islamismus zu schützen.

EIN STARKES EUROPA MIT EINER KOHÄRENTEN, EFFEKTIVEN EUROPÄISCHEN AUSSENPOLITIK MUSS KEINE GROSSE ZIVILISATION SEIN.

Glauben Sie, dass die Reaktion auf die russische Invasion der Ukraine auch in zivilisatorischer Hinsicht erfolgt ist?

Ich denke, es ist relativ klar, dass die Reaktion auf den Krieg auf eine ziemlich zivilisatorische Art und Weise erfolgte. Der Kontrast zwischen dem Umgang mit ukrainischen Geflüchteten und Geflüchteten aus anderen Teilen der Welt ist sehr auffällig. Zu Beginn des Krieges sagte von der Leyen: „Die Ukraine gehört zu uns." Niemand würde das in dieser Art und Weise über Algerien, Marokko oder Syrien sagen. Ich denke auch, dass Russland als ein zivilisatorisches „Anderes" konstruiert wird, gegen das Europa sich abgrenzt, und diese Idee hat eine lange Geschichte.

Es gibt aber auch andere Möglichkeiten, den Krieg zu betrachten: auf realistische oder sogar ideologische, neokonservative Weise – das heißt als Teil eines globalen Kampfes zwischen Demokratie und Autoritarismus. Puristische Neokonservative glauben tatsächlich, dass jedes Land der Welt eine Demokratie werden könnte. Das ist genau das, was zu ihrer Rücksichtslosigkeit im Irak geführt hat. Sie mögen anderer Meinung sein, aber das ist immer noch kein zivilisatorisches Konzept.

Ist es möglich, die Unterstützung, beispielsweise der europäischen Souveränität, von ausgrenzenden Diskursen zu trennen? Kann man nicht europäische strategische Autonomie und vielleicht sogar eine europäische Armee unterstützen, ohne in die Verteidigung rassistischer Grenzpolitik abzugleiten?

Das ist durchaus möglich, daher bringe ich diese Argumente vor. Ich bin skeptisch gegenüber Ideen von europäischer Souveränität und einem geopolitischen Europa, aber aus anderen Gründen. Ich versuche, die Befürworter Europas, die an diese Dinge glauben, dazu zu bringen, vorsichtiger zu sein, wie sie darüber sprechen.

Es gibt mindestens zwei alternative Denkansätze über ein geopolitisches Europa, und vielleicht auch noch andere. Die erste ist sehr realistisch. In einer Welt, in der Großmächte miteinander konkurrieren, muss Europa neben China, den Vereinigten Staaten, Russland und so weiter auch eine kontinentale Großmacht sein. Es mag den Befürwortern Europas schwerfallen, so zu denken, weil es von ihnen verlangt, den hohen moralischen Anspruch, sozusagen die pro-europäische moralische Überlegenheit, aufzugeben. Aber an dieser realistischen Sichtweise gibt es nichts auszusetzen.

Es gibt auch einen ideologischen Rahmen, der frei von ethnischen, religiösen oder zivilisatorischen Konnotationen ist. Dies ist ein Argument über den globalen Kampf zwischen Autoritarismus und Demokratie, über den die Kriegsbefürworter in Großbritannien und den USA nachdenken. Ich bin mit dieser Lesart nicht einverstanden, aber zumindest fehlt das zivilisatorische Element. Ein starkes Europa mit einer kohärenten, effektiven europäischen Außenpolitik muss keine große Zivilisation sein.

In den letzten Jahren gab es in der grünen Politik Bemühungen, über Raum, Territorium und sogar Verwurzelung nachzudenken und dabei die „Blut und Boden"-Gefahren eines solchen Diskurses zu vermeiden. Das kann man in Latours Schriften über ein neues politisches Spektrum finden oder in den Bemühungen der deutschen Grünen, den Begriff der *Heimat* neu zu definieren. Geht das, ohne in eine rassistische oder zivilisatorische Denkweise über die Welt zu verfallen?

Ich schätze es, dass Sie diese Gefahr in der grünen Politik anerkennen, denn viele Menschen tun das nicht. Zum Beispiel geht die rechte Umweltpolitik in Deutschland auf die romantische Bewegung im 19. Jahrhundert zurück und war in der frühen Phase der deutschen Grünen präsent.

Aber die Frage, die ich mir in den letzten Jahren gestellt habe, ist: Wenn sich die Klimakrise verschärft und der Klimawandel auf der politischen Agenda nach oben rückt, wird er dann die Verwerfungen in unserer Politik überwinden – mit anderen Worten, wird ein neuer Konsens entstehen – oder wird er diese Verwerfungen irgendwie vertiefen? Zumindest bisher scheint der Klimawandel in unsere Kulturkriege hineingezogen zu werden.

Sie sprechen über Wurzeln in Verbindung mit dem Boden, dem Klima und der Umwelt. Ich stehe der Idee von Wurzeln im Allgemeinen recht skeptisch gegenüber, und meine Überlegungen dazu stammen aus Debatten über Ethnien. [Die Kulturwissenschaftler] Stuart Hall und Paul Gilroy würden sagen, dass wir weniger über „Wurzeln" und mehr über „Wege" sprechen sollten. Mit anderen Worten: Es geht nicht darum, zu etwas oder irgendwo zurückzukehren. Es geht darum, dass die Menschheit und man selbst als Individuum auf einer Reise ist. Ich liebe diese Idee.

HANS KUNDNANI
ist Mitglied des Open Society Foundations Ideas Workshop und Mitglied des Royal Institute of International Affairs (Chatham House) in London. Sein neuestes Buch hat den Titel *Eurowhiteness. Culture, Empire and Race in the European Project* (Hurst, 2023).

UNIVERSELLE GRUNDVERSORGUNG

EIN GRÜNERES, ERSCHWINGLICHERES LEBEN FÜR ALLE

ARTIKEL VON
ANNA COOTE &
SEBASTIAN MANG

Bei den bevorstehenden Europawahlen stehen die Politiker vor zwei entscheidenden Fragen: die Bewältigung der Klimakrise und die Linderung der Teuerungskrise. Es gibt keine alleinige Lösung, aber eine Strategie könnte einen großen Unterschied machen: die Fokussierung darauf, was die Menschen wirklich brauchen, um ein würdiges Leben zu führen. Indem wir uns auf gut finanzierte, nachhaltige und leistbare kollektive Maßnahmen konzentrieren, wie z. B. die Verbesserung des öffentlichen Nahverkehrs, lokale Projekte für erneuerbare Energien und eine allgemeine Kinderbetreuung, können wir ein umweltfreundliches und bezahlbares Leben für alle ermöglichen.

Der Europäische Green Deal ist die Antwort der EU auf den wachsenden Bedarf an Klimaschutzmaßnahmen. Er wurde 2019 mit großem Tamtam eingeführt, ist aber unzureichend, wenn es um die Geschwindigkeit der Emissionsreduzierung, den Energie- und Materialbedarf zur Deckung der wachsenden Nachfrage und die öffentlichen Investitionen zur Erreichung der Klimaziele geht. Entscheidend ist auch, dass eine starke soziale Dimension fehlt.

Wenn man sich auf die Gesetzgebung verlässt und umweltverschmutzende Aktivitäten verteuert, ohne die notwendigen Investitionen zu unterstützen, damit alle Zugang zu kostensparenden und umweltfreundlichen Lösungen haben, läuft die Klimapolitik Gefahr, regressiv zu werden. Dieser Effekt wird durch die steigenden Lebenshaltungskosten und die Zinsen noch verschärft. Die Bewältigung der aktuellen Krise, z. B. durch die beschleunigte Einführung erneuerbarer Energien und eines besseren und erschwinglicheren öffentlichen Verkehrs, ist teurer geworden.

Die Progressiven müssen nun der Entwicklung dieser sozialen Dimension Vorrang einräumen, indem sie sich mit den alltäglichen Erfahrungen der Wählerschaft befassen, indem sie durch kollektives Handeln für das Wesentliche im Leben sorgen.

Umweltvorschriften sind zwar wichtig, aber eine sozial gerechte Klimaagenda erfordert intelligentere öffentliche Investitionen. Es ist an der Zeit, dass Progressive die überholte Logik der derzeit diskutierten Steuervorschriften ablehnen. Sie sind ein großes Hindernis für die Beschleunigung des Übergangs, da sie die Rolle der Regierungen bei Investitionen, der Gestaltung der Märkte und der Bereitstellung nachhaltiger öffentlicher Güter einschränken.

Die universelle Grundversorgung kann sowohl Ungleichheit als auch die Klimakrise bekämpfen. Es handelt sich um ein politisches Programm, das darauf abzielt, die Grundbedürfnisse aller Menschen innerhalb der ökologischen Grenzen zu befriedigen. Das Ziel kann nicht von Einzelpersonen allein erreicht werden, sondern nur durch kollektives Handeln: mehr und bessere öffentliche Dienstleistungen, Einsatz von öffentlichen Mitteln und Regulierung im öffentlichen Interesse.

Die Wissenschaftlerinnen und Wissenschaftler des Zwischenstaatlichen Ausschusses für Klimaänderungen der Vereinten Nationen (IPCC) sind sich „weitgehend einig", dass „eine auf die Grundbedürfnisse und das Wohlergehen aller Menschen ausgerichtete Entwicklung weniger kohlenstoffintensiv ist, als ein auf das BIP ausgerichtetes Wachstum." Er fordert Veränderungen, die „die Suffizienz und die Betonung der Solidarität, eine Wirtschaft, die auf Fürsorge, den Schutz des Lebensunterhalts, kollektives Handeln und die Bereitstellung grundlegender Dienstleistungen ausgerichtet ist, in Verbindung mit reduzierten Emissionen stärken."

Es besteht ein breiter Konsens darüber, was die Menschen brauchen, um ihr Leben möglich und lebenswert zu machen: ein Zuhause, in dem sie leben können, gesunde Ernährung, eine gute Ausbildung, Menschen, die sich um uns kümmern, wenn wir das nicht selbst können, eine medizinische Versorgung, wenn wir krank sind, saubere Luft und sauberes Wasser, Haushaltsenergie, Verkehrsmittel, die uns dorthin bringen, wo wir hinmüssen, Zugang zum Internet und – ganz wichtig – eine nachhaltige Umwelt.

Diese Grundbedürfnisse gelten für fast alle Menschen auf der Welt und auch für künftige

> **DIE UNIVERSELLE GRUNDVERSORGUNG KANN SOWOHL UNGLEICHHEIT ALS AUCH DIE KLIMAKRISE BEKÄMPFEN.**

Generationen. Die Art und Weise, wie sie erfüllt werden, ist von Land zu Land, von Kultur zu Kultur und von Zeiträumen her sehr unterschiedlich, und jeder Bereich der Bedürfnisse wird anders erfüllt. Die universelle Grundversorgung stellt einen prinzipiellen Rahmen dar, an dem sich Politik und Praxis in jedem Fall orientieren können.

EIN BEDARFSORIENTIERTER ANSATZ

Die universelle Grundversorgung ist Teil eines neu entstehenden Ideenkomplexes, der die wirtschaftliche Orthodoxie in Frage stellt und eine nachhaltige Alternative bietet. Die neoklassische Ökonomie betrachtet die Befriedigung von Präferenzen als Hauptquelle des Wohlstands. Doch wie [der Sozialpolitiker] Ian Gough betont, entbehrt dies im Zeitalter des Anthropozäns jeglicher logischer, ethischer oder praktischer Rechtfertigung, „wenn die Anerkennung der planetarischen Grenzen eine Begrenzung der Befriedigung endloser Wünsche erfordert.“ Es ist Zeit für einen „anderen Wertestandard, einen der Suffizienz oder des Genug“, definiert als „der Raum oberhalb der Untergrenze der Notwendigkeit, aber unterhalb der Obergrenze des Überflusses.“[1] Grundbedürfnisse sind, im Gegensatz zu Vorlieben, grundsätzlich befriedigbar. Die universelle Grundversorgung ist ein bedarfsorientierter Ansatz, der die Ziele des Universalismus und der Suffizienz – genug für alle, jetzt und in Zukunft – miteinander verbindet. Er spielt eine Schlüsselrolle bei der Verwirklichung eines „sicheren und gerechten Raums für die Menschheit“ und des damit eng verbundenen Ziels nachhaltiger „Konsumkorridore“ zwischen einer sozialen Untergrenze und einer ökologischen Obergrenze.[2] Es geht um ein gutes Leben innerhalb von Grenzen.

Das praktische Ergebnis ist nicht eine einheitliche spartanische Existenz, sondern eine sichere, soziale und materielle Grundlage, die es allen, nicht nur den Bessergestellten, ermöglicht, Zeit, Raum und Gelegenheit für ein erfülltes Leben zu haben. Das Ziel der Suffizienz steht in engem Zusammenhang mit den Visionen des Luxus für alle und des öffentlichen Überflusses. Auf der Grundlage kollektiven Handelns, gemeinsamer Ziele und gegenseitiger Hilfe schafft eine universelle Grundversorgung Werte für alle, statt sie für einige wenige zu erzeugen.

---

1 Ian Gough (2023). „Sufficiency as a Value Standard: From Preferences to Needs“. *Ethics, Policy & Environment.* Abrufbar auf <https://bitly.ws/ZEMy>.

2 Kate Raworth (2018). *Doughnut Economics: Seven Ways to Think Like a 21st-Century Economist.* London: Cornerstone.

DIE GRUNDLAGE FÜR EINEN FAIREN ÖKOLOGISCHEN ÜBERGANG

Die derzeitige Klimapolitik ist marktorientiert und trifft Haushalte mit niedrigem Einkommen stärker. Oxfams Analyse der CO_2-Ungleichheit zeigt zumindest einen Teil der Geschichte.[3] Zwischen 1990 und 2015 haben die europäischen Haushalte mit niedrigem und mittlerem Einkommen ihre Emissionen reduziert, während die reichsten Haushalte ihre Emissionen erhöht haben. Dieses Muster wird sich fortsetzen: Die Ausweitung des Emissionshandelssystems auf den Verkehr und das Beheizen von Wohnungen, die in den kommenden Jahren schrittweise eingeführt wird, wird sich auf Haushalte mit niedrigem und mittlerem Einkommen wesentlich stärker auswirken als auf die reichsten Haushalte, die den Preisanstieg kaum bemerken und nicht anders konsumieren werden. Der Klima-Sozialfonds, der vorgeschlagen wurde, um diese Befürchtungen zu zerstreuen, wird zu klein sein, um etwas zu bewirken.

Kollektive Maßnahmen zur Befriedigung menschlicher Bedürfnisse, insbesondere die universelle Grundversorgung, können diese regressiven Auswirkungen ausgleichen. Steigende Treibstoffzölle oder CO_2-Preise würden das Budget der Haushalte weniger stark belasten, wenn sie auf vernünftige, zugängliche, öffentliche Verkehrsmittel und gemeinsam genutzte Mobilität umsteigen könnten. Wenn der Wohnungsbau im öffentlichen Interesse verwaltet würde, könnten die Kosten für die Nachrüstung subventioniert und geteilt werden, damit sie nicht vor allem einkommensschwache Haushalte belasten.

Die Einstellungen und Verhaltensmuster der Öffentlichkeit sind entscheidend für die Erreichung von Umweltzielen. Alle öffentlichen Dienste können darauf Einfluss nehmen, indem sie zeigen, was möglich ist, und indem sie andere Handlungsweisen fördern und unterstützen, umweltschädliches Verhalten unterbinden und verhindern, dass die Menschen in nicht nachhaltige Routinen verfallen.

Ein gut ausgebautes öffentliches Verkehrssystem wird beispielsweise dazu beitragen, die Abhängigkeit von Privatfahrzeugen zu verringern. Krankenhäuser und Schulen können nachhaltig erzeugte Lebensmittel servieren und den Fleischanteil in ihren Mahlzeiten reduzieren oder sogar ganz abschaffen. Kinderbetreuungs- und Bildungseinrichtungen können einen erheblichen Einfluss auf die Erfahrungen, das Bewusstsein und das Lernen künftiger Generationen haben. Eine universelle Grundversorgung (USB) fördert die Solidarität und unterstützt eine Politik, bei der kollektives Handeln im Mittelpunkt und nicht am Rande

3 Tim Gore, Mira Alestig (2020). *Confronting carbon inequality in the European Union*. Oxfam International. 8. Dezember 2020. Abrufbar auf <https://bitly.ws/ZEMM>.

steht. Sie schafft günstige Bedingungen für die gemeinsame Arbeit zum Schutz des Planeten.

AUSGLEICHEN UND NEUVERTEILEN

Der derzeitige Ansatz zur Bekämpfung der steigenden Inflation in der EU konzentriert sich auf die Erhöhung der Zentralbankzinsen. Dies verteuert die Investitionen der Haushalte, der Unternehmen und des Staates, sodass Arbeitsplätze verloren gehen und die Menschen letztlich noch weniger Geld in der Tasche haben. Aber wenn die Inflation, wie jetzt durch hohe Preise für fossile Brennstoffe und den Druck des internationalen Handels, angetrieben wird, hilft eine Anhebung der Zinssätze nicht, die eigentlichen Ursachen der Inflation zu bekämpfen.

Wenn man sich darauf verlässt, dass die Zinsen steigen, um die Inflation zu senken, verteuert das die Abkehr von teuren fossilen Brennstoffen und die Investitionen in erneuerbare Energien, die Elektrifizierung des Verkehrs und die Sanierung des sozialen Wohnungsbaus. Es untergräbt die künftige Preisstabilität, indem es die wesentlichen grünen Investitionen verzögert, die Energie mittelfristig billiger machen und uns vor Preisschocks bei fossilen Brennstoffen schützen. Tatsächlich trennen sich die Investoren so schnell wie nie zuvor von Fonds für erneuerbare Energien, weil die Aktien für saubere Energien durch die höheren Zinssätze stark beeinträchtigt wurden.

Die Wirtschaftswissenschaftlerin Isabella Weber[4] erklärt, dass die heutige Inflation als Verkäuferinflation bezeichnet werden kann, bei der es dem Unternehmenssektor gelingt, einen großen Kostenschock an die Verbraucher weiterzugeben, indem er die Preise erhöht, um seine Gewinnspannen zu schützen oder zu erhöhen. Steigende Unternehmensgewinne sind für fast die Hälfte des Anstiegs der Inflation in Europa in den letzten zwei Jahren verantwortlich, da die Unternehmen ihre Preise um mehr als nur die steigenden Kosten für importierte Energie erhöht haben. Selbst der prominente Wirtschaftsexperte Paul Krugman[5] ist inzwischen der Meinung, dass die Inflation ein Verteilungskonflikt ist, während der Internationale Währungsfonds argumentiert, dass die Inflationsaussichten davon abhängen, wie die Unternehmensgewinne die Lohnzuwächse auffangen.[6]

Statt den Menschen durch Zinserhöhungen das Leben schwerer zu machen, auch für diejenigen, die in den Übergang investieren, sollten wir einen anderen Weg einschlagen. Nach Jahrzehnten stagnierender Reallöhne müssen

4 Isabella M. Weber (2023). „Taking Aim at Sellers' Inflation." *Project Syndicate*. 13. Juli 2023. Abrufbar auf <https://bitly.ws/ZEDy>.
5 Paul Krugman (2023). „The Football Game Theory of Inflation." *The New York Times*. 3. Januar 2023. Abrufbar auf <https://bitly.ws/ZEEy>.
6 Niels-Jakob Hansen, Frederik Toscani, Jing Zhou (2023). „Europe's Inflation Outlook Depends on How Corporate Profits Absorb Wage Gains." *IMF Blog*. 26. Juli 2023. Abrufbar auf <https://bitly.ws/ZEFi>.

REGIERUNGEN WERDEN EINE GRÖSSERE ROLLE BEI DEN INVESTITIONEN IN ÖFFENTLICHE GÜTER UND DIENSTLEISTUNGEN SPIELEN MÜSSEN.

wir einen fairen Weg aus der Krise finden, indem wir in kollektive Maßnahmen investieren und übermäßige Gewinne besteuern. Durch die Dekommodifizierung (also die Abkopplung der sozialen Sicherheit vom Arbeitsmarkt) und Demokratisierung von Schlüsselsektoren wie Verkehr, Kinderbetreuung und Wohnen haben die Regierungen das Potenzial, die Krise der Lebenshaltungskosten durch direkte Preissenkungen zu lindern.

Die Einführung einer universellen Grundversorgung würde die Wirtschaft wieder ins Gleichgewicht bringen, die Ressourcen für einkommensschwächere Gruppen erweitern und den übermäßigen Konsum einschränken. Dienstleistungen, die das Lebensnotwendige liefern, sind „Sachleistungen“, die ein virtuelles Einkommen oder einen „Soziallohn“ darstellen. Eine Analyse des britischen „Institute for Fiscal Studies“ mit Sitz in London zeigt, wie eine Reihe von Dienstleistungen (oder „Sachleistungen“) die Ressourcen zwischen einkommensschwächeren und einkommensstärkeren Gruppen erheblich umverteilen.[7]

Durch die kollektive Befriedigung von Bedürfnissen durch Dienstleistungen und nicht durch individuelle Markttransaktionen erweitert die universelle Grundversorgung den Bereich des öffentlichen Konsums. Werden Dienstleistungen direkt von öffentlichen Einrichtungen oder von nichtstaatlichen Organisationen unter staatlicher Aufsicht erbracht, sind sie keine Waren, sondern öffentliche Güter. Sie unterliegen der gemeinsamen Verantwortung und der demokratischen Kontrolle; sie können allen zugänglich gemacht werden und dazu beitragen, Schaden zu verhindern, der durch unerfüllte Bedürfnisse entsteht.

Aus einer internationalen Analyse der sozialen Versorgung ging im Jahr 2021 hervor, dass „öffentliche Dienstleistungen mit einer höheren Bedürfnisbefriedigung und einem geringeren Energiebedarf verbunden sind.“[8] Der CO_2-Fußabdruck des Gesundheitswesens in den Vereinigten Staaten, wo das System marktgesteuert ist, ist pro Kopf dreimal so groß wie in mehreren europäischen Ländern, in denen das System ganz oder teilweise vom Staat kontrolliert wird.

Um eine Klimakatastrophe zu verhindern, sind rasche und intensive Maßnahmen erforderlich. Eine willkürliche Verteilung der Kosten auf alle Einkommensschichten würde jedoch die Ärmsten schnell unter einen akzeptablen Lebensstandard drücken. Zwar werden die Bemühungen zur Dekarbonisierung letztlich

7 Kate Ogden, David Phillips (2023). „The distribution of public service spending.“ *IFS Deaton Review of Inequalities*. 31. Mai 2023. Abrufbar auf <https://bitly.ws/ZEFZ>.

8 Jefim Vogel, Julia K. Steinberger, Daniel W. O'Neill, William F. Lamb, Jaya Krishnakumar (2021). „Socio-economic conditions for satisfying human needs at low energy use: An international analysis of social provisioning“. *Global Environmental Change,* 69. Abrufbar auf <https://bitly.ws/ZEHE>.

auch einkommensschwächeren Gruppen zugutekommen, doch kämen diese Gewinne zu gering und zu spät, um eine soziale Katastrophe abzuwenden. Um Netto-Null-Emissionen zu erreichen, sind zwei integrierte Wege erforderlich: die Reduzierung der Gesamtemissionen und die Verringerung der Ungleichheit bei Einkommen, Vermögen und der Fähigkeit der Menschen, ihre Grundbedürfnisse zu befriedigen.

FREIGABE VON INVESTITIONEN IN EUROPA

Um eine universelle Grundversorgung in ganz Europa zu gewährleisten, müssen die Regierungen eine größere Rolle bei den Investitionen in öffentliche Güter und Dienstleistungen spielen. Die deutsche Initiative des 9-Euro-Tickets für den öffentlichen Verkehr im Sommer 2022 ist ein gutes Beispiel für die universelle Grundversorgung in der Praxis. Mit über 52 Millionen verkauften Fahrscheinen war sie sehr beliebt. Jahrelange unzureichende Investitionen in das deutsche Bahnnetz haben jedoch dazu geführt, dass die Qualität der Dienstleistungen gesunken ist. Programme wie das Klimaticket sollten zwar in allen Ländern des Kontinents eingeführt werden, doch müssen sie durch hochwertige Investitionen ergänzt werden.

Dieser Vorstoß wird eine Menge Geld kosten, aber Untätigkeit – oder verzögertes Handeln – wäre noch teurer. Darüber hinaus wären die Systemkosten für den Umstieg von privaten Benzin- und Dieselfahrzeugen auf Elektroautos wesentlich teurer als der Umstieg vom Individualverkehr auf öffentliche Verkehrsmittel. Modellrechnungen der New Economics Foundation (NEF) haben gezeigt, dass „eine qualitativ hochwertige, universelle und kostenlose Kinderbetreuung am Ort der Inanspruchnahme wahrscheinlich die Investition mit der höchsten Rendite ist, die eine Regierung tätigen kann.“[9] Die NEF argumentiert, dass die Rendite so hoch und verlässlich ist, dass die Investition durch eine Kreditaufnahme finanziert werden könnte. Wir brauchen eine neue Denkweise in Bezug auf die öffentlichen Finanzen. Zunächst sollte sich die EU von veralteten Haushaltsregeln verabschieden. Eine aktuelle NEF-Analyse hat gezeigt, dass nur vier EU-Mitgliedstaaten in der Lage wären, die geschätzten Investitionen zu tätigen, die erforderlich wären, um ihre Volkswirtschaften mit dem Pariser Klimaabkommen in Einklang zu bringen, wenn die derzeitigen Ausgabenbeschränkungen beibehalten würden.

Nach einer Analyse des Europäischen Gewerkschaftsbundes[10] müssten die relativ verschuldeten Mitgliedstaaten im nächsten Jahr

9 Jeevun Sandher, Thomas Stephens (2023). „Investing in universal early years education pays for itself.“ *New Economics Foundation*. 18. Juli 2023. Abrufbar auf<https://bitly.ws/ZEIk>.

10 Europäische Gewerkschaftsbund (2023). *EU Rules Require € 45 Billion In Spending Cuts Next Year*. 24. Mai 2023. Abrufbar auf <https://bitly.ws/ZEKS>.

mindestens 45 Milliarden Euro einsparen, wenn die derzeit diskutierten Haushaltsregeln umgesetzt werden. Jegliche Einschränkung von grünen und sozialen öffentlichen Investitionen wäre äußerst kontraproduktiv und würde dazu führen, dass Gelegenheiten zur Nutzung des Wandels verpasst werden und künftige öffentliche Haushalte durch vermeidbare Klimakatastrophen astronomische Kosten zu tragen hätten. Statt willkürlicher Ausgabenbeschränkungen brauchen wir notwendige Investitionen in eine kluge Industriepolitik und eine bessere grüne öffentliche Infrastruktur.

Zweitens können öffentliche Investitionen in die universelle Grundversorgung ohne weiteres durch Maßnahmen zur Bekämpfung der Vermögensungleichheit ergänzt werden. Luxuskonsum – zum Beispiel Zweitwohnungen, Mehrfachflüge und exotische Reisen – ist für einen unverhältnismäßig hohen Anteil an schädlichen Emissionen und Ressourcenverbrauch verantwortlich. Vermögenssteuern sind ein Teil der Lösung. Eine kürzlich von der Fraktion der Grünen/EFA im Europäischen Parlament durchgeführte Studie hat gezeigt, dass eine Vermögenssteuer den EU-Mitgliedstaaten 213 Milliarden Euro pro Jahr einbringen könnte.[11] Um die Emissionen des Luftverkehrs zu reduzieren, könnte eine Vielflieger-Abgabe die Steuer auf Flugtickets nach dem ersten Rückflug erhöhen.

STÄRKUNG DER UNTERSTÜTZUNG FÜR EINEN FAIREN ÜBERGANG

Durch die Befriedigung der Grundbedürfnisse aller Menschen ebnet die universelle Grundversorgung den Weg zur Beseitigung der Armut und zur Linderung des Leids, das durch Unsicherheit verursacht wird. Die Erfahrung von Armut und Unsicherheit hinterlässt heute bei den Menschen ein Gefühl der Hoffnungslosigkeit und führt zu Widerstand gegen die Umweltpolitik, die als weitere Kürzungen und Steuern angesehen wird. Diese Gefühle werden sich noch verstärken, wenn neue Konflikte die Treibstoffpreise in die Höhe treiben und extreme Wetterereignisse die Lebensmittelversorgung beeinträchtigen.

Investitionen in den Ausbau und die Verbesserung der öffentlichen Dienste, die das Lebensnotwendige bereitstellen, würden diesen Ängsten entgegenwirken und die Menschen in die Lage versetzen, mit ihrem täglichen Leben zufriedener zu sein und ihren Regierungen auf lokaler und nationaler Ebene mehr zu vertrauen. Die universelle Grundversorgung könnte eine Abwärtsspirale aus Armut, Misstrauen und Widerstand in einen positiven Kreislauf aus Wohlbefinden, Vertrauen und Unterstützung verwandeln.

11 Silvia Pelegrín Marugán (2023). *Tax the Rich: From Slogan to Reality.* 15. Mai 2023. Abrufbar auf <https://bitly.ws/ZELv>.

Ohne diese Unterstützung werden die demokratischen Regierungen nicht mehr in der Lage sein, die Umweltkatastrophe abzuwenden. Das britische Climate Change Committee hat darauf hingewiesen: „Mehr als je zuvor werden künftige Emissionsreduzierungen die aktive Beteiligung der Menschen erfordern [...] Fairness ist auch für die öffentliche Unterstützung von grundlegender Bedeutung und muss in die gesamte Politik eingebettet sein. Nur ein Übergang, der als fair empfunden wird und bei dem Menschen, Orte und Gemeinden gut unterstützt werden, wird erfolgreich sein."[12]

Europa steht vor einer großen Herausforderung bei der Neugestaltung seiner politischen Wirtschaft für die kommenden Jahrzehnte. Die universelle Grundversorgung ist keine Wunderwaffe, aber sie kann eine wichtige Rolle spielen. Sie bietet einen Weg zu Sicherheit und Wohlstand, der die Lebensqualität für alle verbessert, nicht nur für Lohnempfänger – eine unverzichtbare Politik für ein gutes Leben innerhalb der planetarischen Grenzen.

12 Committee on Climate Change (2020). *The Sixth Carbon Budget. The UK's path to Net Zero*. Dezember 2020. Abrufbar auf <https://bitly.ws/ZEMj>.

ANNA COOTE
ist Principal Fellow bei der New Economics Foundation. Sie ist eine führende Analystin, Autorin und Fürsprecherin im Bereich der Sozialpolitik und hat zahlreiche Beiträge zu den Themen soziale Gerechtigkeit, nachhaltige Entwicklung, öffentliche Gesundheitspolitik, demokratischer Dialog sowie Gleichstellung und Gleichberechtigung verfasst.

SEBASTIAN MANG
ist Senior Policy Officer bei der New Economics Foundation und beschäftigt sich mit europäischer Wirtschaftspolitik.

VON STRATEGISCHER AUTONOMIE ZU EINEM BÜNDNISFREIEN EUROPA

ARTIKEL VON
EDOUARD GAUDOT

Eine kollektive Identität, die auf einer nicht mehr existenten Weltanschauung aufbaut, ist angreifbar. Europa steht trotz seiner historischen Komplexität und seines Wohlstands vor einer post-westlichen Wende in der Weltdominanz. Verteidigungs- und Energiepläne, insbesondere solche, die mit autoritären Regimen ausgehandelt wurden, gefährden die Pläne der EU für strategische Autonomie. Könnte die Bündnisfreiheit ein Ausweg aus den häufigen politischen Blockaden in der EU sein?

Was ist Europa?

Für einen Europäer hat diese Frage etwas fast schon intellektuell und politisch Anstößiges an sich. Jede Weltkarte, die man in europäischen Klassenzimmern, Zeitungsredaktionen und Ministerien findet, zeigt dasselbe: den Planeten mit Europa im Zentrum. In den Augen der Europäer – auch wenn sie es schlecht machen, auch wenn sie seine aktuelle politische Form ablehnen – ist Europa etwas wunderbar Einzigartiges. Es ist der Kontinent der Aufklärung, die Zivilisation, die im Laufe der Jahrhunderte Demokratie, Freiheit, Gleichheit, Wissenschaften, Humanismus, moderne Werte und vieles mehr hervorgebracht und gefördert hat.

Europa ist der Kontinent, der die Welt durch große Entdeckungen, bahnbrechende Wissenschaftler, verbrecherische Kolonisierung, rasanten Ressourcenverbrauch, globalen Handel und Weltkriege vereint hat. Von Europa aus segelten weiße Christen los, um Länder zu erobern, die nur für sie selbst neu waren. Europa hat uns die modernen Organisationsformen der Gesellschaft in Nationalstaaten gegeben, die eifersüchtig ihre Grenzen, Kulturen und Souveränität verteidigen. Europa hat auch die Regeln aufgestellt, die die internationalen Beziehungen zwischen diesen Einheiten regeln. Es ist der alte Kontinent, der im Laufe von zwei Jahrhunderten die Welt nach seinem Bild beherrscht, organisiert, entwickelt und umgestaltet hat.

Doch das war früher.

Europa ist nicht mehr der Mittelpunkt. Solange der Westen an der Spitze stand, konnten sich die Europäer einbilden, sie seien wichtige Akteure in der Welt. Unter dem Schutz des amerikanischen Nuklearschirms konnten sie ihren kantschen Traum von ewigem Frieden und gemeinsamem Wohlstand in ihrer Gemeinschaft leben und „eine immer engere Union der Völker" aufbauen. Europas Reichtum, seine historische Komplexität und seine Wirtschaftskraft könnten ihm trotz der dominanten Stellung der USA als Anführer der so genannten „freien" Welt weiterhin eine Rolle auf der Weltbühne garantieren. Aber auch das war gestern.

EINE POSTWESTLICHE WELT

Nach einem Jahrzehnt existenzieller Zweifel und aufeinanderfolgender Krisen haben die Pandemie und die daraus resultierende Erkenntnis lebenswichtiger, strategischer Abhängigkeiten von globalen Lieferketten die Gewissheit der Europäischen Union weiter erschüttert. Seit Russlands Aggression in der Ukraine haben sich die tektonischen Verschiebungen, die sich mit dem Ende des Kalten Krieges langsam abzeichneten, rapide beschleunigt. In Asien, Afrika und Lateinamerika sowie in der arabisch-muslimischen Welt haben tief verwurzelte kulturelle und politische Bewegungen, das Aufkommen neuer Wirtschaftsmächte sowie die anhaltende und zunehmend aggressive Untergrabung der bestehenden globalen Ordnung durch revisionistische Mächte Europa gezwungen, sich mit einer neuen Realität auseinanderzusetzen: einer postwestlichen Welt. Auf der Generalversammlung der Vereinten Nationen am 23. September 2023 bezeichnete der russische Außenminister Sergej Lawrow dies als „neue Weltordnung."

Eine Gruppe von „aufstrebenden" Mächten vertritt eine alternative Vision für die globalen Machtbeziehungen. China hat sich zum Ziel gesetzt, bis zum Jahr 2049, dem hundertsten Jahrestag der Gründung der Volksrepublik, die größte Macht der Welt zu werden. Der russische Präsident Wladimir Putin erklärt, dass er die bisher für sein Land reservierte Juniorrolle nicht länger hinnehmen wird. Die BRICS-Staaten – Brasilien, Russland, Indien, China und Südafrika – haben mit der Ordnung nach dem Kalten Krieg gebrochen und sind von einer informellen strategischen Zusammenarbeit

EINE GRUPPE VON „AUFSTREBENDEN" MÄCHTEN VERTRITT EINE ALTERNATIVE VISION FÜR DIE GLOBALEN MACHTBEZIEHUNGEN.

zur Stärkung ihres kollektiven Einflusses zu mehr oder weniger konzertierten Aktionen übergegangen, die die westliche Vorherrschaft direkt herausfordern. Dazu gehören beispielsweise Destabilisierungsoperationen in Regionen, die traditionell von westlichen Mächten kontrolliert werden, wie die Sahelzone, in der Frankreich das Opfer eines gewaltigen Einflusskriegs Russlands und seiner Stellvertreter der Wagner-Gruppe geworden ist.

Mit einem Anteil von 31,5 Prozent am globalen BIP verfügten die BRICS-Staaten im Jahr 2023 über ein größeres wirtschaftliches Gewicht als die G7-Staaten – ein Trend, der sich in den kommenden Jahren mit dem Wachstum ihrer Volkswirtschaften wahrscheinlich noch verstärken wird. Im Jahr 2015 gründeten die BRICS-Staaten die New Development Bank, eine Alternative zur Weltbank und zu westlichen Finanzinstitutionen, die Infrastruktur- und Entwicklungsprojekte in den Mitgliedstaaten und anderen Schwellenländern finanziert. Durch die Bevorzugung von Transaktionen in lokalen Währungen will sie die Weltwirtschaft „entdollarisieren."

DAS PARADOX DER „STRATEGISCHEN AUTONOMIE IM NIEDERGANG"

Mit ihren Forderungen nach einer „multipolaren" Welt unterstreichen die BRICS-Staaten, wie sehr ihrer Ansicht nach der Multilateralismus der vergangenen Jahrzehnte bloß ein heuchlerischer Schleier war, der die Vorherrschaft eines einzigen Pols nur schlecht verbarg. Die Schwierigkeiten eines pro-ukrainischen Westens, Länder jenseits der üblichen Verdächtigen auf seine Seite zu ziehen, sind kein Beweis für eine neue Bipolarisierung – wie uns US-Strategen, die immer noch von beruhigenden Reflexen des Kalten Krieges beseelt sind, glauben machen wollen – zwischen Demokratien und Autokratien. Vielmehr handelt es sich um eine echte Position der Bündnisfreiheit: Paradebeispiele sind Indien und Brasilien, die sich große Mühe geben, zwischen Washington und Peking auf gleicher Augenhöhe zu bleiben.

Dies hat zur Folge, dass der kollektive und individuelle Einfluss Europas und der EU-Mitgliedstaaten überall, von der Weltwirtschaft bis hin zu weit entfernten Einsatzorten, schwindet. Die unberechenbare Haltung der EU zur Explosion der schrecklichen und grausamen Gewalt im Nahen Osten, die am 50. Jahrestag des Jom-Kippur-Krieges ausgelöst wurde, als die Hamas israelische Zivilisten massakrierte und Israel daraufhin den Gazastreifen bombardierte, ist ein Zeichen für ihre Marginalisierung. Das Chaos um die beabsichtigte einseitige Aussetzung der europäischen Hilfe für Palästina und die unangebrachte Zurschaustellung der bedingungslosen Unterstützung für die israelische Regierung durch die EU-Kommissionspräsidentin zeigen, dass die EU vielleicht ein *Zahler* aber sicher nicht ein *Akteur* in der Region ist.

Selbst in Bezug auf enge Nachbarn wie Serbien, wo Soft Power, Hilfsprogramme und Erweiterungspläne einen dominanten Einfluss garantieren sollten, zahlt die EU den Preis für ihre bürokratischen Verzögerungen und ihre politische Zaghaftigkeit, während sie in direktem strategischen Wettbewerb mit Peking und Moskau und manchmal auch mit ölreichen Golfstaaten und der neo-osmanischen Türkei steht.

Dieser allgemeine Rückgang stellt jedoch ein Paradox dar. Er kommt genau zu dem Zeitpunkt, an dem die EU wiederholt ihre Absicht erklärt, strategische Autonomie zu entwickeln, indem sie endlich ihre selbstgefällige Naivität gegenüber Partnern, die zu Rivalen geworden sind, ablegt. Die gesamte institutionelle Literatur zum indopazifischen Raum, zum Verhältnis zu China und zu den Beziehungen zu Afrika zeigt jedoch, dass Form und Inhalt dieser strategischen Autonomie unglaublich vage bleiben. Abgesehen von einigen durchwachsenen Erfolgen bei der Beendigung bestimmter wirtschaftlicher und energiepolitischer Interdependenzen ist schwer zu sagen, wohin die EU ihre Autonomie entwickeln will – und was sie damit genau meint.

KOMPROMITTIERTE BEZIEHUNGEN IN DEN BEREICHEN VERTEIDIGUNG UND ENERGIE

Was wir stattdessen scheinbar beobachten, ist eine weitere Angliederung der europäischen Nationen an die amerikanische Einflusssphäre. Schweden und Finnland haben angesichts der Bedrohung durch Russland beschlossen, ihr Vertrauen in Artikel 5 des Nordatlantikvertrags zu setzen und nicht in Artikel 42 Absatz 7 des EU-Vertrags – der EU-Klausel zur gegenseitigen Verteidigung. Die Energiesicherheit der EU mag zwar den Händen von Gazprom und dem Kreml entrissen worden sein, doch ist sie nun in hohem Maße von amerikanischen Flüssiggasproduzenten abhängig. Oder sie bindet die EU an Staaten mit fragwürdiger Außenpolitik und Menschenrechtsbilanz. Dazu gehören Katar, das mehrere Terrorgruppen finanziert, und Aserbaidschan, das eine Kampagne zur Eroberung und ethnischen Säuberung Berg-Karabachs von Armeniern gestartet hat. Der Energiedeal der EU hat ihre Fähigkeit beeinträchtigt, gegen die aserbaidschanische Gewalt vorzugehen, und die Widersprüchlichkeit ihrer auf Werten basierenden Außenpolitik offenbart. Die USA machen sich die neuen Töne aus Brüssel, Berlin und Paris zunutze und versuchen, die europäischen Verbündeten dazu zu bewegen, ihre Politik der Abkopplung von China nachzuahmen – mit einigem Erfolg: Die Niederlande hatten keine andere Wahl, als die amerikanische Politik der Beschränkung des Exports von Halbleitern und Komponenten nach China zu übernehmen.

Die strategische Unsicherheit, die in den letzten Jahren erheblich zugenommen hat, bleibt für die Europäer weitgehend bestehen. Die Erleichterung über den Regierungswechsel in Washington im Januar 2021 war nur von kurzer Dauer. Die Biden-Administration ist sicherlich höflicher als die von Donald Trump, dessen Rückkehr nun eine ernsthafte Möglichkeit darstellt, aber sie verteidigt die amerikanischen Interessen – ob wirtschaftlich, industriell oder militärisch – mit demselben brutalen Realismus. Bidens „Inflation Reduction Act" löste in der EU einige panische Reaktionen aus. Diplomatische Theatralik und versteckte Absichten in den komplizierten transatlantischen Beziehungen erschweren es der EU und ihren Mitgliedstaaten, sich in einer Welt zu behaupten, die mehr denn je von Konflikten und Spannungen geprägt ist. Das Debakel des Westens in Afghanistan macht dies deutlich. Ebenso Australiens plötzliche Auflösung des U-Boot-Vertrags mit Frankreich zugunsten der AUKUS-Allianz mit den USA und Großbritannien, die an die Eindämmungspolitik des Kalten Krieges erinnert. Der Krieg in der Ukraine und der Konflikt im Nahen Osten haben die zögerlichen, aber dominanten USA erfolgreich in die Einsatzgebiete hineingezogen; Europa wurde in beiden Fällen brutal mit den Grenzen seiner traditionellen außenpolitischen Instrumente konfrontiert, nämlich der Entwicklungshilfe und dem Völkerrecht.

In diesem unbeständigen und bedrohlichen neuen strategischen Umfeld, das der Hohe Vertreter der EU für Außen- und Sicherheitspolitik für seine Partner ungeschickt und beleidigend als „Dschungel" voller Wildtiere bezeichnete, kämpft Europa immer noch darum, seinen Weg – und seine Stimme – zu finden. Nachdem die EU einst auf wirtschaftliche Wechselbeziehungen gesetzt hatte, um den Frieden in der Welt aufrechtzuerhalten, setzt sie nun alles daran, sich aus diesen herauszuziehen, wobei sie die Begriffe „Autonomie" und „Autarkie" durcheinanderbringt. Die Energiewende, die im Mittelpunkt des Green Deal und der europäischen

DIE EU ZAHLT DEN PREIS FÜR IHRE BÜROKRATISCHEN VERZÖGERUNGEN UND IHRE POLITISCHE ZAGHAFTIGKEIT.

Energiepolitik steht, zielt darauf ab, den Widerspruch zwischen Werten und Interessen aufzulösen, der notwendig ist, um die Abhängigkeit der EU von Importen fossiler Brennstoffe zu verringern. Aber auch in diesem Bereich bleiben Dilemmata bestehen, da die meisten der für grüne Technologien erforderlichen Seltenerdmetalle importiert werden, hauptsächlich aus China. Trotz der Bemühungen um eine Diversifizierung des Ressourcenangebots durch die Erschließung neuer Minen und eine verstärkte Wiederverwertung wird die gegenseitige Abhängigkeit bestehen bleiben.

DIE SPRACHE DER MACHT

Seit Putins grausamem Einmarsch in der Ukraine hat die EU den ihr innewohnenden Irenismus und ihren idealistisch-konstruktivistischen Ansatz in den internationalen Beziehungen aufgegeben. Stattdessen versucht sie, sich die Sprache der Macht wieder anzueignen, ohne wirklich zu wissen, wie. Diese Rückkehr zu einer realistischen Vision der internationalen Beziehungen stößt auf den strukturellen Fehler der europäischen Integration: Ein hybrides politisches Projekt kann nur dann außenpolitisch agieren, wenn alle seine Komponenten aufeinander abgestimmt sind – ein Körper, dessen Gliedmaßen einen eigenen Willen haben, verhält sich schließlich widersprüchlich. Die EU-Bürger, selbst die hochgestellten, bleiben von ihren eigenen nationalen, politischen und strategischen Kulturen geprägt. Die Reaktion von Ursula von der Leyen auf die Tragödie vom 7. Oktober 2023, die weniger die Position der Präsidentin der Europäischen Kommission als vielmehr die einer deutschen Politikerin und ehemaligen Verteidigungsministerin war, ist ein typisches Beispiel dafür.

Die Sprache der Macht ist den autonomen Akteuren vorbehalten. Im Gegensatz zu vereinten souveränen Staaten, die zur Verteidigung ihrer Interessen Machtattribute entwickeln, zur Schau stellen und ausbauen können, muss die EU ständig dafür sorgen, dass Einigkeit darüber herrscht, was ihre gemeinsamen Interessen sind und wie sie

TAOISTISCH, GEDULDIG UND DEZENTRALISIERT KANN DIE EU DEM KONZEPT DER BÜNDNISFREIHEIT EINE EUROPÄISCHE BEDEUTUNG VERLEIHEN.

diese verfolgen. Es ist daher kein Zufall, dass die Union so viel Wert auf den moralischen Aspekt ihrer Außenpolitik legt – Werte sind abstrakter als Interessen. Sie ermöglichen eine Einigung auf Grundsätze, die Abweichungen in der Wahrnehmung von Bedrohungen oder Interessenkonflikten überdecken.

BÜNDNISFREIHEIT NEU ÜBERDENKEN

Es stellt sich also erneut die Frage, diesmal in existenzieller Hinsicht: Was ist die Zukunft Europas? Was will Europa sein? Robin zu Amerikas Batman: ein kleiner, alternder Teil des „kollektiven Westens", der zum Niedergang verurteilt ist und in allen globalen Fragen der Führung Washingtons folgen muss? Oder ein unbedeutendes Anhängsel des großen eurasischen Kontinents, auf dem Moskau und Peking heute die Machtzentren sind? Bedeutet die Alternative zu dieser „strategischen NATOnomie" im Einklang mit der amerikanischen Führung und ihren Werten, wie sie von den Atlantikern befürwortet wird, eine Annäherung an autoritäre Regime und die berüchtigte „eurasische Zivilisation", die vom Kreml-Ideologen Aleksandr Dugin geprägt und von der radikalen Rechten in Europa propagiert wird?

Eine deprimierende Wahl, wenn überhaupt.

Internationale Krisenmomente und die sie begleitende strategische Unsicherheit müssen die Europäer veranlassen, ihren Platz in der Welt zu überdenken. Es ist an der Zeit, einem Konzept, das einst aus dem antikolonialen und bipolaren Hintergrund des Kalten Krieges hervorging, innovative und moderne Substanz zu verleihen: der Bündnisfreiheit. Diese europäische Form der Bündnisfreiheit, die allzu oft mit der ängstlichen Neutralität kleinerer Mächte oder dem zynischen Opportunismus der aufstrebenden Mächte verwechselt wird, könnte in den besonderen Erfahrungen des Kontinents verwurzelt sein und ein innovatives und wirksames Handeln in der Welt ermöglichen.

Die erste dieser europäischen Erfahrungen ist eine historische Weisheit. Wie ein großes taoistisches Rad mit gegensätzlichen Polen ist Europa auf widersprüchlichen Werten aufgebaut. Vereint und geteilt, Humanist und Sklavenhalter, rational und romantisch, universalistisch und kolonialistisch, männlich und jungfräulich: Europa ist eine Zivilisation der Gegensätze, und die EU ist auf einer Vergangenheit aufgebaut, die sowohl abgelehnt als auch bewundert wird. Die Fähigkeit der EU, die Spannung zwischen menschlichen Entscheidungen zu akzeptieren, widersprüchliche Perspektiven und Interessen auszugleichen und konstruktive Auswege aus Konfrontationen zu suchen, ist von grundlegender Bedeutung.

Europa versteht es, Vielfalt und Widersprüche in seinem Weltbild nebeneinander bestehen zu lassen. Es weiß, dass jede Situation immer mehr als eine Seite hat, dass dogmatische Werte ebenso gefährlich sind wie der Zynismus rein materieller Interessen. Die Europäer wissen, dass vielfältige Perspektiven ein gerechteres, wahrhaftigeres Licht auf die Welt werfen. In diesem Bewusstsein der Notwendigkeit von Ausgewogenheit kann eine Politik der Bündnisfreiheit wurzeln, frei von dem Verdacht der Doppelmoral, der immer noch europäische Positionen vergiftet und ihr Handeln untergräbt.

Die zweite ist der Wert, den sie der Langfristigkeit beimisst. Verglichen mit Nationen, die oft Hunderte oder gar Tausende von Jahren alt sind, ist die EU noch jung und Ausdruck eines tief verwurzelten und lange gehegten Strebens nach Annäherung, Einigkeit und Frieden. Verbunden durch die gemeinsame Geschichte und die Opfer, die sie gebracht haben, sind die europäischen Nationen übereingekommen, sich auf einen Prozess der Versöhnung einzulassen. In Umkehrung des Clausewitz'schen Aphorismus hat Europa Politik und Recht zu einer Fortsetzung des Krieges mit anderen Mitteln gemacht. Es macht seine Feinde erst zu Konkurrenten, dann zu Partnern. Die Völker Europas haben sich entschlossen, sich um Vertrauen zu bemühen. Das erfordert ständige Wachsamkeit und ständige Arbeit. Diese Erfahrung der Versöhnung ist eine der wertvollsten Lektionen für den Frieden, die Europa der Welt anbieten kann – vorausgesetzt, es vergisst nicht den langen Weg, den es bis dahin zurückgelegt hat, und erwartet von seinen Partnern, dass sie dieselben jahrhundertealten Fortschritte in einem einzigen fünfjährigen Finanzierungsprogramm erzielen.

Die dritte und letzte historische Schlüsselerfahrung ist die der Macht. Es gibt eine weitere Möglichkeit, über den Grund für die Schaffung eines politisch integrierten Europas nachzudenken, bei der es nicht nur um die Aufwertung unserer modernen Staaten geht. Die Bestimmung der EU besteht nicht darin, eine europäische Supernation zu schaffen, die es mit dem amerikanischen Imperium oder der chinesischen Macht aufnehmen kann. Es geht auch nicht nur darum, die Stimmen der kleinen und mittleren Staaten zu erheben, die von den enormen Ausmaßen der Globalisierung überrollt werden. Die europäische Bündnisfreiheit wäre auch in ihrer ursprünglichen Art und Weise verankert, Macht zu denken und auszuüben.

MACHT DURCH INTEGRATION UND HANDELN

Wenn wir Bündnisfreiheit und Macht verstehen wollen, müssen wir uns auf das Ziel der europäischen Integration beziehen: die Ausbreitung der Demokratie über die historischen Grenzen des Nationalstaates hinaus, die Entwicklung einer transnationalen Demokratie im kontinentalen Rahmen. Europa, das eine Vielzahl und Komplexität von Machtverhältnissen aufweist, weiß um die Bedeutung nicht-institutioneller Akteure, um die entscheidende Vitalität der Zivilgesellschaft, um den Wert von Verbindungen und demokratischer Erfahrung. Die Zusammenarbeit mit nichtstaatlichen Akteuren und dezentralen, oft subnationalen Behörden ermöglicht es der EU, die Hindernisse der internationalen Politik zu umgehen und eng mit den Menschen in Europa zusammenzuarbeiten, ungeachtet des Monopols, das ihre Vertreter genießen.

Taoistisch, geduldig und dezentralisiert kann die EU dem Konzept der Bündnisfreiheit eine europäische Bedeutung verleihen, sofern sie sich bereit erklärt, eine solche Definition durchzusetzen und die damit verbundenen Lasten zu tragen. Im Grunde genommen ist diese dreifache Erfahrung bereits Bestandteil des täglichen Handelns der EU. Die Herausforderung besteht nun darin, sie zu einem Machtinstrument zu machen, das an die Stelle des traditionellen Einsatzes roher Gewalt tritt und die Stärke der Schwachen und die Macht der Gewaltlosigkeit demonstriert. Da Europa die Welt nicht mehr dominiert, muss es die Art und Weise, wie es in ihr handelt, überdenken. Angesichts des Ausmaßes, in dem die militärische Stärke der USA die Verteidigung der EU und die strategische Kultur einiger Mitgliedstaaten durchdringt, ist dies eine gewaltige Herausforderung. Aber wie wäre es zum Beispiel mit einem französischen Nuklearschirm, der auf Europa ausgedehnt wird?

Früher oder später wird es zu einer Abkopplung von den USA in anderen Bereichen als dem Handel kommen müssen. Angesichts des Scheiterns der gegen Russland verhängten Sanktionen, die die globale Fragmentierung eher beschleunigt haben, hätte die EU einen einfacheren Ansatz in Betracht ziehen können. Sie hätte die militärische, praktische und finanzielle Unterstützung für die Ukraine mit einer echten Distanz zu den USA kombinieren und gleichzeitig versuchen können, in globalen Verhandlungen einen Keil zwischen Russland und einige seiner Unterstützer zu treiben.

Genauso wie Bündnisfreiheit nicht Neutralität ist, bedeutet Gewaltfreiheit nicht die Unterwerfung unter die Macht. Die große Herausforderung für die EU wäre es, ihr Arsenal der Bündnisfreiheit zu stärken – zum Beispiel durch eine friedliche und demokratisch kontrollierte militärische Kapazität. Eine europäische Armee wäre wohl nur denkbar, wenn es sich um eine Friedenstruppe zur Wahrung des Völkerrechts handeln würde, die nicht blaue, sondern sternenblaue Helme trägt. Echte Gewaltlosigkeit schützt nicht vor Anfeindungen und Angriffen. Wir müssen bereit sein, Leben zu riskieren, damit sich die Schwachen durchsetzen können.

Auf diesem Weg der Transformation liegt die größte Gefahr für die Europäer in ihren atavistischen materiellen und moralischen Gewohnheiten, in ihren alternden Gesellschaften und in der Illusion, dass sie immer noch im Zentrum der Weltkarte stehen. In einer dauerhaft postwestlichen Welt muss sich Europa neu erfinden. Es verfügt über die materiellen und geistigen Mittel dazu. Aber wird es auch den politischen Willen und die Intelligenz dazu haben? Das ist die existenzielle Frage, die dieses tragische Jahrhundert aufwirft.

EDOUARD GAUDOT
ist Historiker und Politikwissenschaftler. Er hat am „College of Europe"in Warschau und im Europäischen Parlament gearbeitet. Er ist als Lehrer, Berater und Autor tätig. Sein neuestes Buch trägt den Titel *Les 7 Piliers de la Cité* (Plon, 2022).

ES GEHT NICHT UM VERTRÄGE
DIE EUROPÄISCHE INTEGRATION BRAUCHT EINEN KULTURWANDEL

EIN INTERVIEW MIT
GWENDOLINE DELBOS-CORFIELD

Die zahlreichen Krisen der letzten Jahre, die konservativen Kräfte, die die Vision eines Europas der Nationen wiederbeleben, und die erneute Dynamik der EU-Erweiterung werfen die Frage auf, ob die europäische Demokratie für die Herausforderungen der Gegenwart gerüstet ist. Nach Ansicht der Grünen-Europaabgeordneten Gwendoline Delbos-Corfield ist das, was die Union am meisten braucht, nicht eine institutionelle Reform, sondern einen kulturellen Wandel, auch unter Progressiven.

GREEN EUROPEAN JOURNAL: Brexit, die Pandemie, der Krieg in der Ukraine und die darauffolgende Energiekrise, die Klimakrise: Die EU hatte es in den letzten Jahren nicht leicht. Sind die EU und ihre Institutionen wirklich für diese unsicheren Zeiten gewappnet?

GWENDOLINE DELBOS-CORFIELD: Die EU und ihre Institutionen sind der Aufgabe gewachsen, zumindest auf dem Papier. Das Problem liegt eher darin, wie die Entscheidungen in der Praxis getroffen werden. Die EU setzt die ihr zur Verfügung stehenden Instrumente oft nicht ein, und die europäischen Institutionen verkörpern oft nicht die Souveränität, die sie für sich beanspruchen würden, oder bieten keine echte europäische Führung, wenn sie gebraucht wird. Immer mehr Menschen erkennen, dass sich dies ändern muss.

Im Europäischen Parlament, aber auch unter den Mitgliedstaaten, gibt es den Wunsch nach einer Änderung der EU-Verträge. Einstimmige Entscheidungen werden als Problem erkannt, insbesondere nach fünf Jahren der Verhandlungen mit Viktor Orbán. Es geht nicht um großartige neue Verträge, sondern um Vorschläge, wie das derzeitige System besser funktionieren kann. Der wichtigste Vorschlag wäre die Einführung der Abstimmung mit qualifizierter Mehrheit im Rat für alle Politikbereiche.

Mehr als jede Reform brauchen wir einen Kulturwandel, der Europa als eine politische Machtebene anerkennt. Auch wenn der Rat heute nicht unbedingt Einstimmigkeit benötigt, so arbeitet er doch auf der Grundlage eines Konsenses. Andernorts erleben wir, dass EU-Kommissare oder Europaabgeordnete die Interessen ihres Landes über das europäische Interesse stellen. Es ist zu einfach zu sagen, dass wir neue Institutionen, Texte oder Instrumente brauchen: Was wir brauchen, sind Menschen, die sich eine Denkweise zu eigen machen, die die europäische Souveränität und Demokratie in den Mittelpunkt der großen Herausforderungen unserer Zeit stellt.

Die EU befindet sich oft in einer Art Zwickmühle. Ihre Mitglieder können sich nicht einigen, also reagiert die EU unzureichend auf ein Ereignis. Genau das wird der EU daraufhin angelastet, und populistische Kräfte erhalten mehr Unterstützung. Sie werden dadurch noch weniger kompromissbereit und die ganze Situation verschärft sich.

Wir brauchen ein viel stärkeres Engagement der Menschen für die junge Demokratie Europas und die Bereitschaft, für sie zu kämpfen. Ich komme aus Frankreich und kann Ihnen sagen, dass der Fokus der französischen politischen Eliten, Journalisten und der Zivilgesellschaft vor allem auf Frankreich gerichtet ist und Europa nur am Rande vorkommt.

Ich habe Jahre damit verbracht, zivilgesellschaftlichen Gruppen in Frankreich zu erklären, dass die Kriminalisierung von NROs in Ländern wie Polen, Ungarn, Bulgarien und Kroatien auch ihr Problem ist und dass sie daran arbeiten sollten. Sie hatten kein Interesse daran, auf

DIE EU MUSS DIE ART UND WEISE, WIE SIE DIE ERWEITERUNG ANGEHT, DRINGEND ÜBERDENKEN.

diese Länder zuzugehen oder Netzwerke zu diesen Themen aufzubauen, aber dann begann die Kriminalisierung von Nichtregierungsorganisationen auch in Frankreich. Plötzlich wurde diesen Organisationen klar, dass sie dasselbe durchmachten, was ihre Kollegen nur wenige Jahre zuvor erlebt hatten. Dies gilt weniger für die deutsche Zivilgesellschaft, ist aber sicherlich in den Benelux- und den skandinavischen Ländern der Fall. Wir müssen lernen, unsere nationalen und europäischen Demokratien als miteinander verbunden zu betrachten, denn nur so können wir sie schützen und reparieren.

Wir brauchen auch ein starkes Narrativ zu Europa, für das progressive Kräfte zu kämpfen bereit sind. Wenige Monate vor den Europawahlen sprechen einige Sozialdemokraten bereits von einer Niederlage und tun so, als gäbe es nichts, das verhindern könnte, dass eine große rechtsextreme Kraft die europäischen Institutionen übernimmt. Auch die Grünen sollten hart kämpfen; wir können den Rechtsextremen nicht einfach den Platz überlassen.

Schauen Sie sich die polnischen Wahlen an: Sie zeigen, dass die Progressiven und die Demokraten, wenn sie sich mobilisieren, die extreme Rechte schlagen können, während man in Italien Giorgia Meloni bekommt, wenn sich die Progressiven nicht mobilisieren. Die Wählerschaft der Rechtsextremen ist zwar groß, aber so groß auch nun wieder nicht. Die Progressiven können sie immer noch schlagen, wenn sie kämpfen und sich mobilisieren.

Leider ist die extreme Rechte zunehmend auf europäischer Ebene organisiert. In der Vergangenheit war das Klischee des rechtsextremen Europaabgeordneten, der nie auftaucht, mehr oder weniger zutreffend. Heute arbeitet die extreme Rechte im Europäischen Parlament hart und setzt ein echtes Gegennarrativ ein. Bei Genderthemen und Wirtschaftspolitik entwickeln sie ein kohärentes Profil, das Unterstützung findet. Die extreme Rechte hat ihre Lektion aus dem Brexit gelernt: Sie will nicht mehr aus der EU austreten, sondern sie von innen heraus zerstören.

Der Krieg in der Ukraine hat die Debatte über die EU-Erweiterung wieder auf die Agenda gebracht. Ganz konkret: Welche der Beitrittskandidaten sollten Ihrer Meinung nach der EU beitreten und wann?

Es ist nicht einfach, auf eine Frage nach einem klaren Datum eine gute Antwort zu geben. Erstens, weil ich der Meinung bin, dass alle Beitrittskandidaten auf dem Balkan zeitnahe beitreten sollten. Es wäre eine unangenehme Situation, einige jetzt aufzunehmen und andere zehn Jahre warten zu lassen. Zweitens, und darauf aufbauend, weil es heute offensichtlich ist, dass die Aufnahme Serbiens in die EU bei der derzeitigen Politik des Landes keine gute Idee wäre. Aleksandar Vučić wäre in der Europäischen Union ein zweiter Viktor Orbán.

Aus diesem Grund muss die EU die Art und Weise, wie sie die Erweiterung angeht, dringend überdenken. Der Beitrittsprozess sollte viel mehr Raum für Kontakte mit der Zivilgesellschaft schaffen und weniger auf bilaterale Gespräche mit den nationalen Regierungen ausgerichtet sein. Ich bin auch der Meinung, dass wir nicht ernsthaft mit der Ukraine und Moldawien über einen Beitritt diskutieren können, während wir einen Beitritt der Balkanländer immer wieder auf die lange Bank schieben.

Die EU sollte einen neuen Status für diese Länder in Erwägung ziehen, eine vereinfachte Form des Beitritts. Wenn wir nur die Vollmitgliedschaft anbieten, sagen wir entweder: „Ja, ihr könnt beitreten, aber erst in 30 Jahren", oder wir sagen: „Ihr könnt jetzt beitreten", aber das ist ein falsches Versprechen, das wir nicht wirklich ernst meinen. Die Wahrheit ist, dass die EU, so wie sie derzeit funktioniert, nicht in der Lage ist, eine so große Bevölkerungszahl aufzunehmen: Die finanziellen Anforderungen eines Beitritts wären enorm, und das Abstimmungssystem der EU könnte dies nicht bewältigen. Das einzige Land, das für einen Beitritt bereit ist und das aufgrund seiner Größe handhabbar wäre, ist Montenegro. Für die anderen Länder haben wir keine Lösung…

Wie besorgt sollte die EU über die „Beitrittsmüdigkeit" der Bevölkerungen sein, die von diesen scheinbar endlosen und hochtechnokratischen Beitrittsprozessen frustriert sind?

Der Krieg in der Ukraine hat die Situation etwas verändert, auch in Serbien, wo die Unterstützung für Russland generell größer ist. Vor dem Krieg fragten sich die Menschen zunehmend, wozu der EU-Beitritt überhaupt noch gut sein sollte. Jetzt gibt es einen Grund, aber die Menschen sitzen trotzdem fest. Auf der einen Seite gibt es Russland eine unattraktive Option. Auf der anderen Seite ist da Europa, das falsche Versprechungen macht, die nie erfüllt werden.

Mehr als die Beitrittsmüdigkeit beunruhigt mich die Auswanderung. Auf dem Balkan, aber auch in Mitteleuropa, ziehen ganze Generationen junger Menschen nach Westeuropa und in die Vereinigten Staaten. In der EU sollte es darum gehen, in seinem Land zu bleiben und sein Leben mit der Zeit zu verbessern, aber man kann nicht nach einer besseren Zukunft oder einem demokratischen Wandel streben, wenn es wenig Hoffnung für die eigene oder die nächste Generation gibt. Wann immer ich in Bosnien und Herzegowina, Serbien oder Montenegro bin, sehe ich eine starke und gut ausgebildete Zivilgesellschaft, die in einem sehr schwierigen, autokratischen Umfeld hart kämpft. Ich komme von meinen Besuchen gestärkt zurück. Die Menschen, die dort kämpfen, sind weniger erschöpft als vielmehr gefangen.

Sie würden es also begrüßen, wenn sich Europa in Richtung eines „Europas der zwei Geschwindigkeiten" entwickeln würde, um diese neuen Mitglieder aufzunehmen?

Wenn „Europa der zwei Geschwindigkeiten“ bedeutet, dass die Länder sich aussuchen, wie die europäische Integration für sie aussieht, dann würde ich das nicht befürworten. Ich würde auch nicht dafür plädieren, den derzeitigen EU-Mitgliedern ein Auseinanderlaufen zu gestatten, wie es in einigen deutsch-französischen Vorschlägen vorgesehen ist.

Wir sollten jedoch zwei Stufen der EU-Mitgliedschaft in Betracht ziehen, um den Erweiterungsprozess zu erleichtern. Ein zweiter Kreis könnte dazu dienen, eine ganze Reihe neuer Länder mit einem klaren Zeitplan für die Vollmitgliedschaft aufzunehmen. Wichtig ist auch, dass jede neue Regelung nicht dazu führt, dass die neuen Mitglieder die Vorteile des Binnenmarktes oder des EU-Haushalts in Anspruch nehmen können, aber auf Demokratie und europäische Werte verzichten. Bei diesen Vorschlägen handelt es sich lediglich um Ideen, und ich bin sicher, dass uns auch Wissenschaftler und Experten dabei helfen könnten, dieses Problem anzugehen. Ich möchte vermeiden, dass alle vier Jahre ein neues Land der EU beitritt, ohne dass es zu wirklichen

Reformen kommt und ohne dass es eine Lösung für diejenigen gibt, die noch warten müssen.

Die EU muss sich auch die Frage stellen, warum sie gegenüber einigen Ländern eine so harte Haltung einnimmt und gegenüber anderen viel nachsichtiger ist. Bosnien und Herzegowina und Albanien, zwei Länder mit einer bedeutenden muslimischen Bevölkerung, werden zum Beispiel viel strenger behandelt als Serbien. Das ist ein weiterer Grund, warum ich glaube, dass eine globale Lösung, auch wenn sie eine zweite Ebene der EU-Mitgliedschaft bedeutet, notwendig ist und viel kohärenter wäre.

AUSSEN- UND STEUERPOLITIK SIND ZWEI BEREICHE, IN DENEN EINE TIEFERE INTEGRATION ERFORDERLICH IST.

Was ist mit der Europäischen Politischen Gemeinschaft? Spielt diese eine Rolle?

Nein, das glaube ich nicht. Wir haben bereits den Europarat, was soll sie also Neues bringen? Die Europäische Politische Gemeinschaft hat keine parlamentarische Kontrolle oder Bürgerbeteiligung. Sie ist ein Gipfel für Staatsoberhäupter wie die G7 oder die G20. Es werden ein paar Entscheidungen hinter verschlossenen Türen getroffen und dann gibt es einen Fototermin. So organisiert man keine Demokratie, und es könnte gefährlich sein. Entscheidende außenpolitische Entscheidungen sollten nicht ohne Aufsicht getroffen werden.

Muss die EU nicht erst einmal ihre eigene Integration vertiefen, bevor sie über neue Mitglieder nachdenkt?

Die EU ist bereits tief integriert. Ein großer und ständig wachsender Teil der nationalen Gesetzgebung in den EU-Mitgliedstaaten ist mit der Umsetzung des EU-Rechts verbunden. Der EU-Rahmen ist bereits ein Schlüssel zur Bewältigung der großen Herausforderungen: man denke nur an den Klimawandel oder die makroökonomische Governance. Denken Sie auch daran, dass die EU die Rechtsstaatlichkeit in jedem Mitgliedstaat prüft und dass es eine umfassende

Zusammenarbeit in Justiz- und Polizeiangelegenheiten gibt.

Die Integration der EU schreitet auch durch den Lauf der Ereignisse voran. Während der Pandemie arbeiteten haben die EU-Länder bei wichtigen Gesundheitsentscheidungen zusammen gearbeitet, obwohl das Gesundheitswesen nicht in die Zuständigkeit der EU fällt. Beim Krieg in der Ukraine haben die europäischen Länder in der Außenpolitik und sogar bei der militärischen Unterstützung gemeinsam gehandelt, obwohl es zwischen den Mitgliedstaaten Differenzen über die Neutralität und die NATO-Mitgliedschaft gibt. Angesichts von Herausforderungen übernimmt die EU auch ohne Texte und Verträge Verantwortung, so dass ich nicht glaube, dass die Integration noch wesentlich weiter gehen muss.

Die Zusammenarbeit im Gesundheitswesen sollte jedoch auf jeden Fall verstärkt werden. Dabei geht es nicht um die alltägliche Verwaltung von Krankenhäusern, sondern um Rahmenbedingungen und Rechtsvorschriften, die den Zugang zur Gesundheitsversorgung, einschließlich der sexuellen und reproduktiven Gesundheitsversorgung, gewährleisten. In anderen Bereichen brauchen wir eine genauere Prüfung der bestehenden Zusammenarbeit, etwa bei der Zusammenarbeit oder bei bestimmten EU-Behörden. Außen- und Steuerpolitik sind zwei Bereiche, in denen eine tiefere Integration erforderlich ist. Sobald die EU durch bestimmte Steuerquellen über eigene Einnahmen verfügt, muss sie nicht mehr alle paar Jahre bei den Mitgliedstaaten um mehr Geld bitten. In einigen anderen Bereichen ist eine Integration einfach nicht notwendig. Die Grundschulbildung ist als nationale oder regionale Zuständigkeit in Ordnung und steht nicht im Widerspruch zu einem Rahmen, der z. B. der Erziehung zur europäischen Staatsbürgerschaft in den Schulen Raum gibt.

Der wichtigste nächste Schritt für die Integration bleibt der bereits erwähnte kulturelle Wandel. Wir brauchen eine Debatte darüber, was auf europäischer Ebene in jedem europäischen Land geschieht. Die Menschen müssen erkennen, dass die EU-Grundrechtecharta bedeutet, dass die EU-Ebene für den Schutz der Grundfreiheiten unerlässlich ist.

Was ist Ihrer Meinung nach der Kern des europäischen Projekts? Ist es die Geschichte? Demokratie? Werte? Oder ist es einfach die Geografie?

Es ist eine Mischung aus all diesen Elementen. Das politische System Neuseelands kommt dem einer europäischen Demokratie sehr nahe, aber es liegt auf der anderen Seite der Welt, so dass man nicht sagen kann, dass die Geografie keine Rolle spielt. Die Geschichte ist ein wichtiger Aspekt: Ein großer Teil dieser Geschichte ist von Krieg, Wettbewerb und Rivalität geprägt, aber sie hat auch die Verträge und die Idee

WAS ICH UNTER DER EUROPÄISCHEN LEBENSWEISE VERSTEHE, IST SELBSTBESTIMMUNG.

von Europa selbst geformt. Die europäische Demokratie unterscheidet sich auch von der abstrakten Demokratie. In der amerikanischen Demokratie steht die Redefreiheit im Mittelpunkt, anders als in Europa, wo Hassrede oder Reden, die nationalsozialistische oder faschistische Verbrechen verherrlichen, in der Regel verboten sind.

Was Europa für mich auszeichnet, ist seine Lebensweise. Als die Europäische Kommission einen Kommissar für den Schutz unserer europäischen Lebensweise einführte [der inzwischen in Kommissar für die *Förderung* unserer europäischen Lebensweise umbenannt wurde], erkannten wir, dass es bei diesem neuen Ressort in Wirklichkeit um den Schutz einer bestimmten christlichen Lebensweise ging, und wir lehnten es aus diesem Grund ab. Was ich unter der europäischen Lebensweise verstehe, ist Selbstbestimmung: nicht definiert und in eine Schublade gesteckt zu werden, die auf der sozialen Schicht, der Hautfarbe, der Religion oder der Herkunft der Eltern basiert. Während Viktor Orbán argumentieren würde, dass der Einzelne nicht entscheiden kann, wer oder was er ist, sollte die Europäische Union ein Raum sein, der das Recht des Einzelnen, sich selbst zu definieren, begrüßt und schützt.

Wenn die europäische Lebensweise Selbstemanzipation bedeutet, dann ist das wunderbar, aber der EU-Kommissar für die Förderung unserer europäischen Lebensweise ist dafür verantwortlich, Migranten draußen zu halten.

Ja, ich stimme zu, dass die Art und Weise, wie sie diesen Ausdruck verwendet haben, furchtbar ist, aber wir brauchen unseren eigenen. Im Französischen sagen wir „On n'est pas assigné à résidence“, was bedeutet, dass wir nicht auf einen Ort beschränkt oder an eine Rolle gebunden sind. Das ist die Einstellung, zu der ich kommen möchte.

Unser Umgang mit Migration könnte das Ende der europäischen Werte bedeuten. Wir können nicht weiter zulassen, dass Tausende an unseren Grenzen sterben, um vermeintlich unsere Lebensweise zu schützen.

Schon der Gedanke daran ist ein Paradox. Europa kann nicht aufblühen, solange diese Ungerechtigkeit anhält. Wir werden in der ganzen Welt immer unbeliebter werden, weil wir uns mit Mauern und Zäunen selbst ersticken.

Die Migrationsproblematik bleibt eine grundlegende Herausforderung, aber Europa hat zumindest Momente wie die Pandemie mit einigem Erfolg gemeistert. Ist die Europäische Union so stark wie seit langem nicht mehr?

Auf dem Höhepunkt des Corona-Notstands wollten die Mitgliedstaaten aus einem ersten Impuls heraus ihre Grenzen schließen, doch dann entschieden sich die europäischen Länder für Solidarität. Von Griechenland bis zu den sparsamen Ländern einigten sich alle auf eine gemeinsame Kreditaufnahme, um den Aufschwung zu finanzieren, auch wenn es auf dem Weg dorthin einiges Genörgel gab. Das Gleiche gilt für die Reaktion auf den Krieg in der Ukraine und den Green Deal. In den letzten fünf Jahren hat die EU durch ihr Handeln existiert, es gibt also keinen Grund für Pro-Europäer, pessimistisch zu sein.

Europa ist auch nicht so gespalten, wie manche gerne glauben. Umfragen zeigen, dass die Bevölkerung Polens, selbst als es eine homophobe Regierung gab, die das Recht auf Abtreibung einschränkte, weitaus progressiver war. Das Gleiche gilt für Ungarn. Im Vergleich zu vor 50 Jahren sind die Menschen in ganz Europa weit weniger rassistisch und homophob und viel mehr für die Gleichberechtigung der Geschlechter. Wenn die rassistische Minderheit Wahlen gewinnt, müssen wir Progressiven uns stärker und effektiver mobilisieren. Wir sollten nicht pessimistisch sein: Wir sollten wütend und kampfbereit sein.

Wir schreiben das Jahr 2035. Die Progressiven haben gekämpft und gewonnen. Wie sieht Europa aus?

Europa hat eine strenge und ehrgeizige Klimagesetzgebung erlassen, und das hat sich ausgezahlt. Unsere Energie ist sauber und erschwinglich, und wir verschwenden auch keine großen Mengen an Energie. Weltweit ist Europa auf der internationalen Bühne glaubwürdig und wird als ein Ort anerkannt, der Migranten willkommen heißt. Menschen, die versuchen, nach Europa zu gelangen, müssen nicht mehr ihr Leben und ihre Gesundheit riskieren, sondern erhalten Betreuung, Unterkunft und angemessene, faire Verfahren. Wir haben immer noch Grenzen, aber keine harten Grenzen.

Die Europäische Union selbst verfügt über wesentlich klarere und effizientere Entscheidungsprozesse, wie z. B. die Abstimmung mit qualifizierter Mehrheit. Auch weil die europäische Entscheidungsfindung endlich nachvollziehbar ist, engagieren sich die europäischen Bürgerinnen und Bürger in der EU-Politik und diskutieren die europäische Politik im Radio, im Fernsehen und im Internet. Menschen jeglicher Herkunft sehen sich nicht nur als Bürger ihrer Nationen, sondern auch als Bürger Europas.

Das Wichtigste ist, dass die Grundrechte in der gesamten EU geachtet werden und die Menschen wissen, was die europäische Lebensweise wirklich bedeutet: ein Leben frei von Diskriminierung in all ihren Formen.

GWENDOLINE DELBOS-CORFIELD
ist ein Mitglied der Grünen im Europäischen Parlament aus Frankreich. Geboren in Großbritannien, begann sie ihre politische Karriere in Grenoble, Frankreich. Im Europäischen Parlament befasst sie sich mit Verfassungsfragen, bürgerlichen Freiheiten, Rechtsstaatlichkeit, digitalen Rechten und Gleichberechtigung.

WAS BEDEUTET EUROPA

Die geopolitische Notwendigkeit hat den EU-Erweiterungsprozess, der in den letzten Jahren an Fahrt verloren zu haben schien, neuen Schwung gebracht. Was Europa und die europäische Integration für die Menschen in den künftigen Mitgliedstaaten darstellen, ist jedoch sehr unterschiedlich je nach persönlichen und kollektiven Hintergründen und Erfahrungen, der jeweiligen innenpolitischen Situation und konkurrierender Zukunftsvisionen. Darüber hinaus können sich diese Auffassungen im Laufe der Zeit ändern, je nachdem, ob die Union ihre Versprechen einhält und welche Werte sie vertritt – von der Freizügigkeit bis hin zu demokratischen Rechten und Umweltschutz.

Diese Reihe mit Beiträgen von Autoren aus Nordmazedonien, Serbien, der Türkei und Albanien, Kosovo und Moldawien soll einen Einblick in das breite Bedeutungsspektrum von Europa geben. Da der Integrationsprozess eine wechselseitige Beziehung ist, sind die Visionen der EU über ihre Erweiterung schließlich nur eine Seite der Medaille. Hier ist die andere.

ZERBRECHLICHES EUROPA

NORDMAZEDONIEN

Bevor Europa sich ihm in seiner Weite und Zerbrechlichkeit offenbarte, erinnerte es den Dichter Nikola Madžirov an nichts anderes als die Süße von Schokolade aus einer Fabrik in Skopje.

Ich wurde in einem Land geboren, in dem Mitleid eine Art der Liebe ist – auf die Frage „Wie geht's?" antwortet man mit „Gott bewahre uns vor Schlimmerem!" Ich bin in einer Stadt aufgewachsen, die an einem Grenzübergang zwischen drei Staaten liegt und deren Flaggen vom Wind und dem ererbten Hass zerrissen werden. Die Stille der Angst war an den Grenzen am stärksten, wo zwischen verschiedenen staatlichen Radiosendern ein Luftkrieg geführt wurde, und der mit Rauschen gefüllte Raum zwischen zwei Radiosendern war mein Zuhause. Ich wollte nicht, dass mich jemand versteht und wünschte mir, die Sprachen nicht zu verstehen, wenn ich vor einem Grenzübergang oder vor der Stille am Grab von Joseph Brodsky stand, in der Nähe des Wassers und der vergehenden Zeit.

Bei meiner ersten Reise nach Venedig verneigte ich mich vor der Vitalität des Wassers und seinem Erinnerungsvermögen, ich suchte Tizian in den Straßen und an den Wänden der Kirchen, obwohl sein Gemälde „Raub der Europa" längst auf die andere Seite des Atlantiks umgezogen war. Bevor ich auf das mythologische europäische Narrativ stieß, das später geopolitisch wurde, war Europa für mich nichts anderes als der Name der einzigen Schokoladenfabrik in Skopje vor dem Zerfall Jugoslawiens. Etwas Süßes.

Später erzählte mir mein Großvater, der berühmteste Konditor und Kontrabassist der Stadt (es gab keine anderen), dass es in Europa auch Bitterschokolade gab – ein Widerspruch, der uns Kindern fremd war, die wir mit dem ideologischen Puritanismus des Staatssozialismus aufgewachsen waren, dass Suppe nur salzig, Käse nur weiß und der Dichter nur so glorreich wie das Land sein kann.

ENIKOLA MADŽIROV ist ein Dichter, Essayist und Übersetzer, der 1973 in Strumica, Jugoslawien, in einer Familie von Flüchtlingen aus den Balkankriegen geboren wurde. Mit dem Buch *Relocated Stone* (2007) (im Deutschen: Versetzter Stein) gewann er den Hubert-Burda-Poesiepreis. Seine Gedichte sind in mehr als vierzig Sprachen übersetzt worden. Er lebt in seiner Geburtsstadt.

Seit fünfzehn Jahren lebe ich nun schon außerhalb des Kontexts eines festen Wohnsitzes und der geografischen Zugehörigkeit. Vor etwa zwanzig Jahren habe ich die Uniform angezogen, weil das Land es mir befahl. Ich war Soldat zwischen zwei Kriegen auf dem Balkan – das ist einfacher zu sagen, als dass ich Soldat in Friedenszeiten war. Zerbrechlichkeit ist heutzutage meine einzige Waffe.

Lange Zeit war das Wort ZERBRECHLICH/FRAGIL ein Aufkleber auf den Schachteln der von meinem Vater verkauften Fernsehgeräte oder Glasvitrinen, welche die Leute danach mit haufenweise Tellern und Gläsern füllten, die man nur bei Hochzeiten und Beerdigungen herausholt.

Bevor ich mir das Alphabet der Bedeutungen aneignete, war „FRAGILE" ein Zeichen von Unberührbarkeit, ein Synonym für Gefahr und nicht für Zerbrechlichkeit. Europas Zerbrechlichkeit ist gefährlich, weil man sie nicht sehen kann – ein gesprungener Stein in einem Mosaik, das der Zeit und räuberischen Goldgräbern standhält. Ich liebe Europa wegen seiner imaginären und realen Weite, die es mir erlaubt, allein zu sein, wenn ich nicht in die enge geografische oder literarische Eindeutigkeit zurück möchte. Ich reise mit der Sprache an einen Ort, an dem ich mir wünsche, wir könnten mit einem Blick kommunizieren – mit einem Blick auf die Schönheit oder auf den Himmel als Tiefe oder Symbol, diesen Himmel, der der Kontrapunkt aller Aggressionen ist, wie Kurosawas Himmel in Rashomon. Europa besteht aus Sprachen; vielleicht ist es gerade deshalb zerbrechlich, organisch und unbezwingbar. Vielleicht klinge ich romantisch naiv, aber ich glaube, wir reisen, um Worte, Steine, Staub und Hoffnungen mitzunehmen.

Aber ich kehrte immer wieder nach Hause zurück, um meinen Sohn schneller wachsen zu sehen als meine Sehnsucht nach einem sicheren Zuhause, ich kehrte zurück zur Sprache meiner Kindheit, zu den Worten, die es mir ermöglichten, durch die Zwischenräume und die verschiedenen Stillen zu reisen – die beiden Dinge, die mich erschaffen, während ich schaffe. „Das Schweigen ist meine majestätischste, meine friedlichste, aber auch meine deutlichste Kriegserklärung oder Manifestation der Verachtung", schrieb Derrida. In der Stille fühle ich mich sicher, trotz des lauten Lärms, den das Abstempeln der Pässe verursacht, ein zivilisatorisches Zeichen, das es heute ermöglicht, die nach den Kriegen gezogenen Grenzen zu überschreiten. ■

RELEVANZ ALS MASSSTAB

ESERBIEN

Die strategische Kontrolle der Migration und die fortdauernden Gespräche bezüglich des Kosovo verkomplizieren die serbischen Vorstellungen hinsichtlich des EU-Beitritts des Landes, wobei die Besorgnis über Umweltzerstörung und jugendliche Gewalt gleichzeitig zunimmt.

Niemand war beunruhigt, als weniger als die Hälfte der Serben bei einer Umfrage der Regierung im letzten Jahr angaben, dass sie für den Beitritt ihres Landes zur Europäischen Union stimmen würden. Eine Medienberichterstattung war kaum vorhanden. Kein Politiker hat sich dazu geäußert. Selbst das Ministerium für europäische Integration, welches die jährliche Umfrage leitete, zeigte sich nicht besorgt darüber, dass zum ersten Mal lediglich 43 Prozent der Teilnehmer das Beitrittsgesuch unterstützten. Welche Entwicklung führte dazu, dass die serbische Gesellschaft eine derartige Gleichgültigkeit gegenüber ihrem wichtigsten politischen und strategischen Ziel angenommen hat?

Die Komplexität dieses Themas macht es schwierig, diese Frage mit Sicherheit und überzeugend zu beantworten. Zwei Gründe liegen jedoch auf der Hand.

Die Einstellung der Serben zur EU-Mitgliedschaft ist in den Umfragen nicht plötzlich gesunken, sondern hat sich stetig verschlechtert. In den letzten zehn Jahren standen die serbischen Medien unter dem erheblichen Einfluss der Regierung, oft geneigt, den kollektiven Westen in einem ausgesprochen ungünstigen Licht darzustellen, während Russland und China überwiegend in einem überaus positiven Rahmen präsentiert wurden.

Bei zahlreichen Gelegenheiten haben Präsident Aleksandar Vučić und andere offizielle Vertreter die EU als ein unermüdlich forderndes und selbstgefälliges Konstrukt geschildert, das niemals ausreichend zufrieden zu stellen ist. In Wahrheit werden jedoch die für den Beitritt erforderlichen serbischen Reformen blockiert, und frühere Fortschritte verzeichnen in vielen Politikbereichen sogar Rückschritte. Administrativ ist der Prozess immer noch aktiv, aber in der Praxis ist er schon seit langem rückläufig.

BRANKO ČEČEN ist Reporter, Redakteur, Medienpädagoge und Berater aus Belgrad, Serbien. Er hat für eine Vielzahl serbischer Medien gearbeitet, an der Universität unterrichtet und Journalisten geschult. Zwölf Jahre lang war er Leiter des Zentrums für investigativen Journalismus in Serbien. Heute arbeitet er als freiberuflicher Journalist und Trainer.

Der zweite wichtige Grund für die Ablehnung der EU durch die serbischen Bürger liegt in der Union selbst und ihrer Haltung gegenüber der serbischen Regierung. Man braucht nur einen Blick auf einen beliebigen international anerkannten Index zu Demokratie, Medien und anderen Kanälen der freien Meinungsäußerung, Korruption oder Rechtsstaatlichkeit, werfen, um zu sehen, wie Serbien unaufhörlich in den Ranglisten absteigt. Sehen Sie sich die Vorliebe der serbischen Regierung für nicht sehr demokratische Länder wie Russland und China an. Sehen Sie sich die Berichte lokaler zivilgesellschaftlicher Organisationen über die Rechtmäßigkeit und Fairness der Wahlen in Serbien an. Es ist kein schönes Bild, und es wird von Tag zu Tag schlimmer.

Dennoch unterstützt die EU die Regierung Vučić konsequent, öffentlich und direkt. Hinter diesem Enthusiasmus verbergen sich ihre eigenen Absichten. Ein eklatanter strategischer Austausch betrifft mehrere zehntausend Migranten, die in Serbien zurückgehalten werden, bevor sie die Union erreichen. Und der Kosovo bleibt ein Schwerpunkt der EU-Interventionen. Während Serbien darauf drängt, seinen Einfluss auf den Kosovo zurückzuerlangen, wollen die EU und die USA die Beziehungen zwischen Serbien und dem Kosovo normalisieren. Da Russland und China im UN-Sicherheitsrat in dieser Frage weitgehend hinter Serbien stehen, scheint es offensichtlich, dass die EU ihre Unterstützung für die serbische Regierung im Austausch für jeden kleinen Fortschritt, der den Verhandlungsprozess voranbringt, weiterhin anbieten wird.

Solche Zugeständnisse verwirren und enttäuschen den durchschnittlichen EU-freundlichen Serben. Unterdessen betrachten jene Wähler, die sich fest hinter nationalistischen Slogans versammeln, die sorgfältig von den regierungsfreundlichen Medien gefüttert werden, den Kosovo als rechtmäßig zu Serbien gehörig und Russland sowie China als verlässliche Freunde.

Trotz dieser gespaltenen Loyalitäten sind sich die serbischen Bürger in bestimmten Fragen einig. Die Gefährdung der Umwelt, die für alle gesellschaftlichen Gruppen unabhängig von ihren politischen Ansichten von entscheidender Bedeutung ist, hat zwischen 2019 und 2022 eine Vielzahl von Protestaktionen hervorgebracht. Infolgedessen musste die Regierung ihre Pläne für den Lithiumabbau im Jadar-Tal auf Eis legen. Kapitel 27 des EU-Besitzstandes im Bereich des Umweltschutzes ist eine der größten Reformhürden für künftige Mitglieder der Union. Als die Bürger des berüchtigt umweltverschmutzten Serbiens jedoch protestierten, blieb die EU, hin- und hergerissen zwischen ihren politischen Interessen und ihren Verpflichtungen, auffallend still. Lediglich NGOs, die nur über geringen Einfluss verfügen, nahmen Bezug auf die Regelung.

Als ein Junge am 3. Mai 2023 in einer Belgrader Schule neun seiner Mitschüler und einen Wachmann tötete, rückte ein anderes Thema in den Vordergrund. Nur einen Tag später tötete ein junger Mann neun junge Menschen und verletzte zwölf. Die Massaker entfachten Aufstände und Demonstrationen und drängten Umweltfragen in den Hintergrund; die Gesellschaft sah sich plötzlich mit drängenderen Problemen konfrontiert.

Die EU wird als die Instanz wahrgenommen, die sämtliche Maßnahmen der serbischen Regierung unterstützt, während sie in den Diskussionen über die Verhinderung solcher Gewalttaten kaum Erwähnung findet. Obwohl ihre demokratischen Werte in dieser Frage als entscheidend angesehen werden könnten, gelingt es der EU nicht, die serbische Gesellschaft von ihrer Bedeutung zu überzeugen.■

EIN FREIER MARKT DER WERTE

TÜRKEI

Die Bestrebungen der Türkei für einen EU-Beitritt, die oft als Wunsch nach Markt- und Visaliberalisierung dargestellt werden, sind auch Ausdruck eines ständigen Strebens nach Gleichheit und Gerechtigkeit.

KAYA GENÇ
ist der Autor von *Under the Shadow: Rage and Revolution in Modern Turkey*. Die Taschenbuchausgabe seines jüngsten Buches *The Lion and the Nightingale: A Journey Through Modern Turkey*, mit neuem Material über die letzten türkischen Präsidentschaftswahlen, wird im Mai 2024 erscheinen.

Ich glaube an Europa, seit ich von seinen Werten erfahren habe. Auch die meisten türkischen Bürger glaubten daran – zumindest eine Zeit lang. Umfragen aus den frühen 2000er Jahren zeigten, dass die türkische Unterstützung für die Europäische Union bei etwa 75 Prozent lag. Wir mögen zwar aus unterschiedlichen Gründen an Europa geglaubt haben, ich und die Mehrheit der türkischen Bürger, aber wir haben gemeinsam an sein Potenzial für unser Leben geglaubt.

Als Zwanzigjähriger, der miterlebte, wie die Türkei auf dem Gipfel von Helsinki 1999 den Status eines Beitrittskandidaten erhielt und im Dezember 2004 erklärt wurde, dass die Türkei für Verhandlungen über eine Vollmitgliedschaft bereit sei, war ich begeistert von Europa. Ich glaubte, dass Europa meine Werte verkörpert. Die Mitgliedschaft in der Union würde diese auch in der Türkei verankern. Europa war gleichbedeutend mit der Bereitschaft, die eigene nationale Identität und Geschichte einer radikalen Kritik auszusetzen, mit der Bereitwilligkeit, sich mit jedem Verbrechen auseinanderzusetzen, das auftauchte. Europa stand für Offenheit in Bezug auf Sexualität, für die Anerkennung von Freiheiten und Rechten derjenigen, die nicht den heterosexuellen Normen entsprechen. Europa stand für die demokratische Akzeptanz aller Formen der Politik. Radikale Marxisten, kurdische Nationalisten, Öko-Krieger und Islamisten hatten alle das Recht auf politische Vertretung: Europa war dazu da, das zu gewährleisten.

Als Europa während der Beitrittsverhandlungen in den 2000er Jahren diese Werte von der Türkei forderte, erklärte ich, dass dies auch meine Werte seien. Ich beharrte darauf, dass Europa und seine Werte die Zukunft der Türkei seien.

Zwei Jahrzehnte nach der Mitte der 2000er Jahre glaube ich immer noch an Europa und diese Werte. Ob Europa die Zukunft der Türkei ist, ist jedoch eine andere Frage. Umfragen aus den frühen 2010er Jahren zufolge sank die Unterstützung für Europa auf 58 Prozent. Im Jahr 2017 sank die Zahl weiter auf 48 Prozent; mehr als die Hälfte des Landes sagte „Nein" zu Europa. Infolge des Zusammenbruchs der türkischen Wirtschaft begann die Unterstützung wieder zu steigen – heute liegt sie bei etwa 50 Prozent.

Wie kann mein Glaube an Europa unverändert bleiben, wenn der Glaube anderer türkischer Bürger dramatisch schwankte? Europa ist nach wie vor der wichtigste Handelspartner der Türkei, und ich vermute, dass die frühere Unterstützung eher Ausdruck des Wunsches nach Marktintegration als der Übernahme der ethischen und politischen Werte Europas war – es handelte sich um den Durst nach mehr Markt- und Visaliberalisierung. Das türkische Volk wollte den freien Verkehr von Personen und Waren. Doch die europäischen Staats- und Regierungschefs wollten nur Letzteres. Die Vorstellung, dass die Türken in ihre Länder eindringen würden, machte ihnen Angst. Was Menschen wie ich hingegen forderten und wünschten, war der freie Verkehr von Werten. Wie in Spanien wollten wir das Militärregime untersuchen, das das Land nur wenige Jahrzehnte zuvor regiert hatte. Genau wie in Deutschland wollten wir die Freiheit haben, die genozidalen Kapitel unserer Vergangenheit zu hinterfragen. Wie in Frankreich wollten wir mehr lebendige Arbeitergewerkschaften und mehr Rechte und Schutz für Aktivisten.

Diese gemeinsame europäische Vision der Freizügigkeit der Werte ist leider noch nicht verwirklicht. Und in der Zwischenzeit wird den zunehmend verarmten Bürgern der Türkei sogar ein kurzfristiges Visum für Europa verweigert, obwohl der Handel noch nie so frei war. In jüngster Zeit hat sich die Rolle der Türkei als Hüterin der Flüchtlingsströme eher verfestigt.

Das Europa meiner Zwanziger hat sich bis zur Unkenntlichkeit verändert. Die Politik führender europäischer Regierungen ähnelt mit jedem Tag mehr dem autokratischen Regime von Recep Tayyip Erdoğan. Von Italien bis Ungarn ist eine böse, zynische Politik im Kommen, die Menschen wie uns – die so genannten „wurzellosen Kosmopoliten und Degenerierten" – verachtet. Aber ich habe die Hoffnung noch nicht aufgegeben. Fortschrittliche Denker und Aktivisten in Europa setzen sich weiterhin für die Werte ein, die Bestandteil der gemeinsamen europäischen Vision von vor zwei Jahrzehnten sind. Der Tunnel, der uns trennt, schien noch nie so lang zu sein. Dennoch leuchtet an seinem Ende ein Licht, auch wenn die Türkei aufgrund der Rücksichtslosigkeit ihres Machthabers vom Europarat ausgeschlossen werden soll. ■

EIN LANGJÄHRIGER EUROPÄISCHER TRAUM

ALBANIEN

In Albanien, wo Hoffnung und Realität aufeinandertreffen, wird ein zukünftiger EU-Beitritt einen neuen politischen Kurs erfordern, der in der Lage ist, die Jugend im Land zu halten.

GENTIOLA MADHI
Ist politische Analystin und forscht zum Thema EU-Erweiterung und Kohäsionspolitik am Osservatorio Balcani e Caucaso Transeuropa in Trient, Italien. Als Absolventin des College of Europe hat Gentiola mit albanischen Institutionen, der italienischen Kommunalverwaltung und internationalen NRO zusammengearbeitet.

Vor drei Jahrzehnten gingen albanische Studenten im ganzen Land auf die Straße, um mit Sprechchören für Freiheit und Demokratie zu demonstrieren: „Wir wollen, dass Albanien so wird wie das übrige Europa." Auch heute noch betrachten mehr als 90 Prozent der Albaner die EU-Mitgliedschaft als festes und lebendiges Ziel.

Für die Albaner ist der Weg zur EU-Bürgerschaft in erster Linie eine Geisteshaltung. Sie bekräftigt ihre Freiheit, sich zu bewegen, sich zu äußern und eine alternative Lebensweise zu verfolgen, was bis Ende der 1980er Jahre unter 50 Jahren diktatorischer Isolation strengstens verboten war. Die Mitgliedschaft wird auch als Möglichkeit gesehen, sich mit einer Gemeinschaft zu identifizieren, die demokratischen Werten und Grundsätzen folgt, ihr beizutreten und somit einen langen und schmerzhaften Übergang von einer autoritären Herrschaft zur Demokratie zu vollziehen.

Albanien ist einer der Ausnahmefälle, in denen die euro-atlantische Integration nie angefochten wurde, weder auf gesellschaftlicher Ebene noch unter den politischen Eliten des Landes. Da jedoch nicht genügend Wind in den Segeln ist, lässt dieser Traum noch auf sich warten.

Die weit verbreitete Korruption und eine politische Klasse, die sich primär eigenen Interessen widmet und fortwährend die Reformagenda untergräbt, stellen ein erhebliches Hindernis für die EU-Integration dar. Die jüngste, von der EU unterstützte Justizreform in Albanien wird jedoch als potenzieller Wendepunkt für die europäischen Perspektiven des Landes angesehen. Entweder wird es dem Land gelingen, die bestehenden Missstände in Vorbereitung auf den EU-Beitritt auszumerzen, oder das Vertrauen der Öffentlichkeit in einen möglichen Beitritt wird schwinden.

Dennoch sind sich die albanischen Bürger darüber im Klaren, dass sie der Union nicht vor 2030 beitreten werden. Der

Premierminister hat bei verschiedenen Gelegenheiten bekräftigt, dass der Beitritt in weite Ferne gerückt ist und nicht allein von den Anstrengungen des Landes abhängt. Im Laufe der Zeit wird die jüngere Generation immer desillusionierter. Beeinflusst von den sozialen Medien und angetrieben von jugendlicher Energie, Ehrgeiz und Ungeduld, entscheiden sich junge Menschen auf der Suche nach besseren Perspektiven in

den EU-Mitgliedstaaten, das Land zu verlassen Die heutige Migration betrifft in erster Linie die Mittelschicht, die durch den Zugang zu einer qualitativ hochwertigen Bildung ihre technischen Fähigkeiten und Fremdsprachenkenntnisse ausbauen kann. Die Jugend Albaniens ähnelt dem wilden Vjosa, der das Land durchquert, und sucht nach Alternativen, um sich sofort zu europäisieren, statt geduldig darauf zu warten, dass Europa zu ihnen kommt.

Laut **Eurostat** haben seit 2002 mehr als eine halbe Million Albaner einen Pass eines EU-Mitgliedstaates erhalten49 Prozent die italienische Staatsbürgerschaft. In den letzten 15 Jahren haben fast 0,76 Millionen Albaner eine Aufenthaltserlaubnis für ein EU-Land erhalten. Diese Zahlen sind alarmierend, da Albanien nur 2,8 Millionen Einwohner hat. Doch sollte man das Glas nicht als halb leer, sondern als halb voll betrachten, so ist diese Zahl auch vielversprechend: Die fortschreitende Europäisierung der Emigrantengemeinschaften im Ausland könnte sowohl einen Spillover-Effekt auf die nationalen politischen Eliten ausüben, als auch das Image Albaniens im Ausland verbessern.

In den letzten zwei Jahren sind in Albanien neue politische Bewegungen entstanden, die von jungen, gut ausgebildeten und gegen Ende des Kommunismus geborenen Persönlichkeiten angeführt werden. Der Aufstieg dieser neuen Elite wird als ein erster Schritt zur Veränderung des politischen Status quo gesehen, der für das Scheitern der Modernisierung und die Infragestellung des Vertrauens der Gesellschaft in die staatlichen Institutionen verantwortlich ist. Die Überwindung der weit verbreiteten Enttäuschung und Entvölkerung sowie die Annäherung an die Mitgliedschaft innerhalb eines vernünftigen Zeitrahmens liegen in den Händen dieser neuen Führungspersönlichkeiten.

Heute wird die Zukunft Albaniens in der EU nicht nur als technischer Verhandlungsprozess gesehen. Sie wird vielmehr als ein erneuertes, politisches Engagement gegenüber den Bürgern betrachtet, das darauf abzielt, den Demokratisierungsprozess und die Rechtsstaatlichkeit zu stärken, nicht zuletzt, indem die Jugend Albaniens davon überzeugt wird, zu bleiben und zum Wohlstand ihres Landes beizutragen. ■

ENTHUSIASMUS OHNE BLAUÄUGIGKEIT

KOSOVO

Die starke Unterstützung der Kosovaren für die EU ist Ausdruck ihres durch die systematische Unterdrückung entstandenen Wunsches nach Demokratie. Die EU sollte aufhören, dies als Druckmittel zu nutzen.

Mitte Oktober trafen sich die Staats- und Regierungschefs Europas und der westlichen Balkanstaaten in Tirana zum letzten Gipfel des Berliner Prozesses. Die Initiative soll die überregionale Zusammenarbeit fördern und das Engagement für die Zukunft der Region in der Europäischen Union demonstrieren. In Pristina war es jedoch ein Statement des französischen Präsidenten Emmanuel Macron, das einen Sturm auslöste.

An diesem Tag erfuhren die Kosovaren, dass die Visaliberalisierung im Kosovo, die nach Jahren der Enttäuschung und Verzögerung im Januar 2024 beginnen sollte, erneut ausgesetzt wurde. Innerhalb weniger Stunden wurde die Aussage präzisiert. Etwas undeutliches Französisch und ein Übersetzungsfehler hatten den falschen Alarm verursacht. 13 Jahre nach der Anerkennung des gleichen Rechts für alle anderen Länder der Region werden die Kosovaren endlich visumfrei in den europäischen Schengen-Raum reisen können.

Die Geschwindigkeit, mit der viele Kosovaren die falsch verstandene Erklärung für bare Münze nahmen, spricht jedoch für eine beunruhigende Realität. Wenn es um die EU geht, sind die Gefühle vieler Kosovaren von Misstrauen durchdrungen. Heute wird die EU zunehmend durch die Linse der Ungerechtigkeit gesehen, wobei die Erwartung, enttäuscht zu werden, ständig im Hintergrund lauert.

Solche Gefühle beruhen auf Erfahrungen, und der zehnjährige Prozess der Visaliberalisierung ist nur ein Beispiel dafür. Ein weiterer Punkt ist der politische Ansatz des Blocks in Bezug auf den Dialog zur „Normalisierung der Beziehungen" zwischen dem Kosovo und Serbien. Seit 2011 wählt die EU willkürlich aus, was und wann sie im Rahmen des Dialogs als „Nichteinhaltung" bezeichnet – und vor allem wie und gegenüber wem. Diese Selektivität hat sich in den letzten Jahren noch verstärkt. Serbiens eskalierende Versuche, die Souveränität des Kosovo zu untergraben,

BESA LUCI ist Chefredakteurin von *Kosovo 2.0*, einem dreisprachigen (Englisch, Albanisch und Bosnisch/Kroatisch/Serbisch) Print- und Multimediamagazin mit dem Schwerpunkt auf sozialen und politischen Themen aus dem Kosovo und der gesamten Region. Sie hat einen MA in Journalismus/Magazinschreiben von der Graduate School of Journalism, University of Missouri, Columbia.

werden zunehmend beschwichtigt, während vom Kosovo erwartet wird, dass er bis zum Punkt der Knechtschaft völlig gefügig bleibt.

Auch wenn es in Macrons Erklärung nicht um die Aussetzung der Visaliberalisierung für den Kosovo ging, so war sie doch von der Sprache der politischen Verhandlung geprägt. Obwohl die Entscheidung über die Erteilung eines Visums bereits gefallen war, knüpfte er sie erneut an politische Bedingungen, und zwar, dass das Kosovo seine Dankbarkeit zeigen muss, dass es seine Schuld gegenüber der EU für die Anerkennung dieses Rechts für seine Bürger zurückzahlen sollte, und zwar indem es sich am Dialog in der von der EU erwarteten Weise beteiligt.

Für die Kosovaren ist klar geworden, dass die EU eine engstirnige Praxis der Politik, nämlich „Keine Leistung ohne Gegenleistung", übernommen hat. Für Macron besteht der „Handel" zwischen einem Recht (Freizügigkeit) und Unterwürfigkeit. Für Miroslav Lajčák, den EU-Sonderbeauftragten für den Dialog, ist es ähnlich: Er kann entscheiden, welche Vereinbarungen aus der Vergangenheit K.O.-Kriterien sind und welche aus politischer Opportunität unter den Teppich gekehrt werden können. Damit maßt er sich scheinbar unangefochten die Macht an, dem Kosovo eine europäische Zukunft zu diktieren, die allein auf seiner Interpretation fußt.

Im Großen und Ganzen haben sich die Kosovaren an ein solches Verhalten der EU gewöhnt. Trotz alledem gehören sie weiterhin zu den entschiedensten Befürwortern der EU und des Integrationsprozesses. Dieser Ehrgeiz ist nicht ohne Kontext und geht sogar auf die Zeit zurück, bevor die EU der Region in den frühen 2000er Jahren offiziell eine glorreiche Zukunft in der „Familie der Nationen" versprach. Es ist ein Ehrgeiz, der in den dunkelsten Tiefen der systematischen Unterdrückung im Kosovo geschmiedet wurde; ein Wunsch nach einem fernen Ideal der Demokratie.

Dieser Enthusiasmus und Glaube sollten nicht mit Blauäugigkeit verwechselt werden. Die Kosovaren sind sich der Notwendigkeit einer ständigen Verhandlung darüber bewusst, was eine gute Regierungsführung für alle Bürger ausmacht, und erwarten im Gegenzug, dass sie fair behandelt werden.

Es ist die EU, die vom Weg abgekommen zu sein scheint. Wenn diese Art politischen Verhaltens der EU legitimiert wird und wenn das Gefühl des Misstrauens und die Erwartung, von der EU im Stich gelassen zu werden, normalisiert werden, dann sind die europäischen Werte der Gleichheit, der Freiheit und der Menschenwürde in Gefahr.

Diese Werte sind die zentralen Ideale und Grundsätze, auf denen Europa aufgebaut wurde und nach denen es einst strebte. Die Kosovaren hoffen, dass die EU bald zu ihnen zurückkehren wird.

ZUGEHÖRIGKEIT UND ENTWICKLUNG

MOLDAWIEN

Die kulturelle und politische Zugehörigkeit in Moldawien ist komplex und beeinflusst die Wahrnehmung der EU. Könnte man einen positiven Konsens für die Zukunft herstellen, wenn man die europäische Idee in den Mittelpunkt der Entwicklungsagenda des Landes stellt?

Verwurzelt im gemeinsamen Erbe mit Rumänien, seiner russisch-imperialen und sowjetischen Vergangenheit und der Internationalisierung der Jugend ist die Kultur Moldawiens – einer ehemaligen Sowjetrepublik, die an Rumänien und die Ukraine grenzt – von verschiedenen, sich überschneidenden soziokulturellen Milieus oder „kulturelle Blasen" geprägt.

Die größte Blase pflegt moldawische Traditionen, wie etwa Weinbau, Essen, Volksmusik und Feste wie Hochzeiten.

Eine zweite kulturelle Blase ist im rumänischsprachigen Kulturerbe der Republik Moldau, seiner Literatur und Musik verwurzelt. Die rumänische Kultur erlebte in Moldawien in den späten 1980er und 1990er Jahren im Zuge der nationalen Renaissance, die aus dem Protest gegen die sowjetische Russifizierung entstanden ist, eine zweite Blüte. In den letzten Jahren wurde sie durch die Migration und den verstärkten Austausch zwischen der rumänischen und der moldauischen Musik-, Literatur-, Film- und Theaterszene modernisiert und neu belebt.

Eine weitere kulturelle Blase – geprägt durch den Gebrauch der russischen Sprache – wurde aus der Sowjetära übernommen. Diese kulturelle Blase, die von den russischen Medien nach der Unabhängigkeit Moldawiens im Jahr 1991 erfolgreich aufrechterhalten wurde, begann erst zu schrumpfen, als Russland 2022 in die Ukraine einmarschierte.

Die jüngste Blase, die sich als besonders attraktiv für gebildete junge Menschen erweist, hat starke Verbindungen zur anglophonen Kultur. Sie wird über Filme, Musik und soziale Medien verbreitet und ist das Ergebnis eines Arbeits- oder Studienaufenthalts im Ausland.

Ein gewisses Maß an Verbundenheit mit lokalen Traditionen ist allen Moldauern gemeinsam und kann nicht mit einer politischen Zugehörigkeit in Verbindung gebracht werden. Das relative Wohlbefinden der Moldauer in der rumänischen, russischen und anglophonen Kulturblase scheint jedoch eng mit geopolitischen Ansichten und Wahlpräferenzen verbunden zu sein.

PAULA ERIZANU ist eine moldawische freiberufliche Journalistin und preisgekrönte Autorin. Sie schreibt über Politik und Kultur in Osteuropa für die *BBC*, *The Guardian*, die *Financial Times*, the *London Review of Books*, und andere.

Interessanterweise ist das Gefühl der kulturellen Zugehörigkeit nicht immer in der Muttersprache verwurzelt, sondern auch in Zweitsprachen. Während rumänischsprachige Bürger die EU tendenziell stärker unterstützen als russischsprachige Bürger, fühlen sich einige rumänischsprachige Bürger in der russischen Kultur eher zu Hause und sind Moskau gegenüber aufgeschlossener. Ebenso gibt es eine große Gruppe russischsprachiger Menschen, die sich mit dem Englischen und/oder Rumänischen wohlfühlen und entschieden pro-europäisch eingestellt sind.

Das Verhalten der Wähler kann auch überraschen. Im Jahr 2015 wählte die zentralmoldauische Stadt Orhei, 40 Kilometer nördlich der Hauptstadt Chişinău, den prorussischen Oligarchen Ilan Shor zum Bürgermeister. Shor, der nach einer Verurteilung wegen Betrugs und Geldwäsche derzeit in Israel untergetaucht ist, versprach, die Stadt in ein „Monaco" zu verwandeln, alle Straßen zu reparieren und auf eigene Kosten kostenlose öffentliche Verkehrsmittel und Wi-Fi-Verbindungen bereitzustellen. Sein sorgfältig ausgewählter Nachfolger, das Shor-Parteimitglied Pavel Verejeanu, gewann die Bürgermeisterwahlen 2019 mit 80 Prozent der Stimmen. Seltsamerweise haben dieselben Einwohner von Orhei bei den Präsidentschaftswahlen 2020 für die derzeitige pro-europäische Amtsinhaberin Maia Sandu gestimmt.

Die Idee von Europa gewinnt in Moldawien zunehmend an Bedeutung, vor allem als Traum und Versprechen einer modernen Entwicklung. Bei den Bürgermeisterwahlen in Chişinău im November 2023 nutzten sowohl die PAS-Kandidatin Lilian Carp als auch Victor Chironda von der Platforma DA eine Zeit lang den Slogan „Für eine europäische Stadt". Der Kandidat, der schließlich gewählt wurde, war Amtsinhaber Ion Ceban, der sein Mandat für 2019-2023 als Mitglied der prorussischen Partei PSRM gewann. Nachdem er sich später dafür verbürgt hatte, Technokrat zu werden und die Geopolitik hinter sich zu lassen, hat Ceban inzwischen den Kurs gewechselt und die Nationale Alternative Bewegung (MAN) gegründet, von der er behauptet, sie sei eine pro-europäische sozialdemokratische Partei. Während einige Analysten dies als pragmatischen Schritt im Einklang mit der allgemeinen Hinwendung Moldawiens zu Europa ansahen, erklärte das US-Finanzministerium im Oktober 2022, dass politische Berater, die dem Kreml nahestehen, Ceban bei der Gründung seines neuen Unternehmens geholfen haben. Eine kürzlich durchgeführte Untersuchung des Russian Dossier Center und der estnischen Zeitung Eesti Paevaleht ergab außerdem, dass Ceban in den Tagen des russischen Einmarsches in der Ukraine zu einem Geheimbesuch in Moskau und St. Petersburg war. Diese Anschuldigungen, die später von Ceban widerlegt wurden, lassen vermuten, dass er ein trojanisches Pferd ist, das Moldawien den Weg zur EU-Integration versperren soll. Bis heute haben die moldavischen Behörden keine öffentliche Untersuchung in dieser Angelegenheit eingeleitet.

Neben dem Traum, Chişinău zu einer „europäischen Stadt" zu machen, hat die Republik Moldau auch das „Europäische Dorf" eingeführt, ein lokales Entwicklungsprogramm, das sich auf Nachhaltigkeit, die Bereitstellung hochwertiger öffentlicher Dienstleistungen und den Zugang zu sozialer Infrastruktur konzentriert. Für die Einwohner der moldavischen Hauptstadt könnte dies die Einrichtung von Fahrradwegen, besser gepflegte Parks, bessere öffentliche Verkehrsmittel und die Einstellung illegaler Bauprojekte bedeuten. Als mögliche Lösung für die Entvölkerung des ländlichen Raums sollen die „europäischen Dörfer" ruhige ländliche Standorte in Verbindung mit einer modernen Kanalisations- und Sanitärinfrastruktur, gut unterhaltenen Kindergärten und Schulen sowie grüner Energie bieten. Abgesehen von den nationalen Bestrebungen der Republik Moldau nach einer reformierten, fairen Justiz und weniger Korruption ist es das, was Europa für seine Bürger bedeutet. ■

DIE FESTUNG EUROPA EINREISSEN

MIGRATION ALS UTOPIE

ARTIKEL VON
ALEKSANDRA SAVANOVIĆ

Der Mensch hat sich schon immer über Regionen und Kontinente hinweg bewegt. Heute ist diese Bewegung jedoch zunehmend dystopisch und stark an die nationalstaatliche und kapitalistische Logik gebunden. Während Migranten militarisierten, unmenschlichen Systemen ausgesetzt sind und als Bedrohung für Europas „Lebensweise" bezeichnet werden, werden sie gleichzeitig als unverzichtbar für die Wirtschaft umworben. Aleksandra Savanović lädt uns ein, einen Schritt zurückzutreten und uns gemeinsam eine utopischere Migration vorzustellen, indem wir die Grenzen vorgefasster Vorstellungen von Zukunft und Fortschritt sprengen.

Migration ist eine der mächtigsten und am stärksten verankerten Vorstellungen unserer Zeit. Das Wort beschwört Bilder von Mauern, Grenzen, Polizei, Unsicherheit, Not, Elend und Tod herauf. Migration wird zumeist als Bedrohung, als unerwünschtes, aber „notwendiges Übel", als widerwilliges Opfer auf dem Altar der wirtschaftlichen Gesundheit diskutiert.

Der politische Diskurs über Migration ist von Angst durchdrungen. Migranten werden sowohl als Krise, als Bedrohung unserer Identität und „unsere Lebensweise"als auch als unfaire Gegner auf dem Arbeitsmarkt, die „unserer Arbeitsplätze wegnehmen", angesehen. Ermutigt durch rechtsextreme Narrative, die die Migration als Symptom des heutigen globalisierten Kapitalismus mit freier Marktwirtschaft betrachten, richten sich die Sorgen der Öffentlichkeit in erster Linie auf den Schutz der nationalen Grenzen, um *unsere* Lebensweise und *unsere* Arbeitsplätze zu schützen. Die Rhetorik ist nostalgisch und sehnt sich nach der guten alten

Zeit der (souveränen!) Nationen, der Familienlöhne und der (weißen) männlichen Ernährer – ungeachtet dessen, dass Souveränität, Familienlöhne und anständige Arbeitsplätze nur für einige verfügbar waren.

In gewisser Weise spiegelt die Politik der Europäischen Union diese Empfindungen wider. Seit den Europawahlen 2019 hat sich der Begriff „European Way of Life" zum neuen offiziellen Narrativ der EU entwickelt. Ihr Ansatz ist vor allem praktischer Natur und wurde durch Kompromisse zwischen den EU-Mitgliedstaaten geschmiedet, wobei (Wirtschafts-)Liberale, die für mehr „Markt" und Vielfalt eintreten, auf Sozialkonservative treffen, die den Schutz „traditioneller" – oder vermeintlich nicht-kapitalistischer – Institutionen wie Familie und Nation fordern und dabei oft auf ethnische Reinheit anspielen. Aber selbst die Rechten müssen – wenn auch nicht ausdrücklich – zugeben, dass die meisten EU-Länder ohne einen ständigen Zustrom ausländischer Arbeitskräfte bald vor dem wirtschaftlichen Zusammenbruch stehen würden. Sie akzeptieren also die Einwanderung, wollen aber mehr Filterung und weniger Rechte für die Einwanderer. Ein Beispiel dafür ist der Skandal in Polen, bei dem Hunderttausende von Arbeitsvisa gegen Bestechungsgelder ausgestellt wurden, als die einwanderungsfeindliche Partei Recht und Gerechtigkeit (PiS) an der Macht war. Das vermeintliche Paradoxon ist illusorisch.

EINE FALSCHE DICHOTOMIE

Die unterstellte Dichotomie zwischen Kapitalismus und Nationalstaat – wie die zwischen Familie und Kapitalismus – ist eine falsche. Wie die Philosophin Nancy Fraser es ausdrückt, muss der Kapitalismus als eine institutionalisierte Gesellschaftsordnung verstanden werden, die dem Feudalismus gleichkommt, und nicht nur als eine auf Ausbeutung basierende Produktionsweise.[1] Sie konnte nicht existieren, ohne die bestehenden Systeme der Politik, der Natur und der sozialen Reproduktion einzubeziehen und sich auf sie zu stützen. Es sind die Nationalstaaten, die über die „außerökonomischen Mittel" – um die Terminologie der marxistischen Politiktheoretikerin Ellen Meiksins Wood[2] zu verwenden – der politischen, gerichtlichen und polizeilichen/militärischen Macht verfügen, durch die die angeblich unabhängigen wirtschaftlichen „Mechanismen" des Kapitalismus in Gang gesetzt werden können.

Im Kontext einer globalisierten Wirtschaft ist die Situation nicht anders. Das globale Kapital ist mehr denn je von der ungleichen Entwicklung der Nationalstaaten abhängig. Sie schöpft aus der Differenzierung der sozialen Bedingungen in den einzelnen Volkswirtschaften und aus den ausbeutbaren Niedriglohnsystemen. Der Nationalstaat ist kein unschuldiger Zuschauer, sondern das Instrument dieser Differenzierung.

1 Nancy Fraser & Rahel Jaeggi (2018). *Capitalism: A Conversation in Critical Theory*. Cambridge, Oxford, New York & Boston: Polity.
2 Ellen Meiksins Wood (2002). *The Origin of Capitalism*. London & New York: Verso.

ZWISCHEN „MEHR MARKT" UND „MEHR GRENZSCHUTZ" ENTSCHEIDET SICH DIE EU FÜR BEIDES

Die Soziologin Melinda Cooper vertritt die Auffassung, dass der Wirtschaftsliberalismus und der neue Sozialkonservatismus in Wirklichkeit zwei Seiten derselben kapitalistischen Medaille darstellen.[3] In Anlehnung an die Marx'schen *Grundrisse* stellt sie die These auf, dass der Kapitalismus durch eine unablässige Bewegung zur Überwindung seiner Grenzen, zur Unterwerfung aller Dinge unter sein Wertgesetz, und gleichzeitig durch eine ebenso starke Gegenbewegung zur Durchsetzung dieser Grenzen konstituiert wird. Der Migrant – als billige Arbeitskraft – wird also im Wechselspiel zwischen der uneingeschränkten Reichweite des Kapitalismus und den notwendigen begrenzenden Grenzen der Nationalstaaten produziert. Mit anderen Worten; die Tatsache, dass der Nationalstaat als grundlegend angesehen wird und gleichzeitig die Migration und die Bewegung über seine Grenzen hinweg (relativ) zugelassen wird, macht den Migranten als billige Arbeitskraft aus.

DYSTOPISCHE AUSSICHTEN: FESTUNG EUROPA

Die Festung Europa oder der Mittelmeerfriedhof als zunehmend realistische Vision und Ergebnis der europäischen Migrationspolitik ist ein direkter Ausdruck dieses dem Kapitalismus innewohnenden Widerspruchs. Zwischen „mehr Markt" und „mehr Grenzschutz" entscheidet sich die EU für beides.

Der im Juni 2023 angekündigte „historische" Migrationspakt der EU soll ein Gleichgewicht zwischen beiden schaffen. Einerseits wird ein neues zweigleisiges Filtersystem eingeführt, das potenzielle und nicht potenzielle Einwanderer direkt an der Grenze trennt: Diejenigen, bei denen es unwahrscheinlich ist, dass sie akzeptiert werden, werden strengeren Verfahren unterworfen, leichter zurückgewiesen und im Grunde an jeden Ort verschickt, den das Land für angemessen hält (einschließlich Orten mit dokumentierten Menschenrechtsverletzungen). Andererseits schreibt die EU „verpflichtende Solidarität" vor: die Verpflichtung,

3 Melinda Cooper (2019). *Family Values: Between Neoliberalism and the New Social Conservatism.* New York: Zone Books.

jährlich etwa 30.000 erfolgreiche Bewerber auf dem ganzen Kontinent umzusiedeln. Jedes Land hat die Möglichkeit, entweder Migranten aufzunehmen oder 20.000 Euro für jede abgewiesene Person zu zahlen. Das eingenommene Geld soll in einen gemeinsamen Fonds fließen, aus dem nicht näher definierte Projekte im Ausland finanziert werden.

Auch wenn sie nicht definiert sind, kann man leicht erahnen, um welche Projekte es sich handelt. Bei ihrem Besuch in Tunesien mit der italienischen rechtsextremen Ministerpräsidentin Giorgia Meloni im Juli **versprach** EU-Kommissionspräsidentin Ursula von der Leyen, „Tunesien beim Grenzschutz zu unterstützen", wofür die EU 100 Millionen Euro bereitstellen wird. Ähnliche Finanzierungsmodelle und Vereinbarungen zur Auslagerung der Migrationssteuerung und von Hafteinrichtungen gibt es zuhauf. In einem Bericht aus dem Jahr 2021 wurde festgestellt, dass die EU und ihre Mitgliedstaaten den Bau von Haftanstalten finanzieren, andere mit der Inhaftierung zusammenhängende Aktivitäten (wie die Ausbildung von Wachpersonal) durchführen und sich für die Inhaftierung in 22 Ländern auf dem Balkan, in Afrika, Osteuropa und Westasien einsetzen und damit dem stark kritisierten australischen Modell nacheifern, mit der Absicht, schließlich Offshore-Verarbeitungseinrichtungen einzurichten. Die Privatisierung der Inhaftierung von Migranten ist bereits im Gange.

Das Gleiche gilt für den Grenzschutz. Die EU stellt erhebliche Mittel für die Verstärkung des Personals und die Installation hochentwickelter Technologien an den Grenzen bereit, darunter Wärmebildkameras, Bewegungsmelder, Drohnen und Schallkanonen zur Überwachung und Abschreckung. Die Mitgliedstaaten haben bisher fast 1.800 Kilometer Mauern an ihren Grenzen gebaut, und die EU steht unter zunehmendem Druck, mit der Finanzierung dieser Maßnahmen zu beginnen.

Innerhalb der Festung Europa hingegen wird die Freizügigkeit gefördert und in einigen Fällen sogar idealisiert und als eine der Erfolgsgeschichten der EU gepriesen (wie im Fall von Erasmus+). Während die Einwanderung von außerhalb Europas die „europäische Lebensweise"zerstören wird, wird die Migration innerhalb der EU als deren Förderung angesehen. Sie ist jedoch ähnlich funktional angelegt und wird nur dann durchgeführt, wenn ein Bedarf besteht (d. h., wenn nationale Arbeitskräfte schwer zu finden sind).

Vor diesem Hintergrund erscheinen Reformforderungen, wie die nach einer drastischen Aufstockung und Ausweitung der zirkulären Migrationsregelungen auf Drittstaatsangehörige jenseits der Visafreiheit (und EU-interne Migranten), kurzsichtig, wenn nicht gar utilitaristisch und diskriminierend. In diesem Sinne schlagen liberale Denker wie Branko Milanović Systeme vor, die von den derzeit in den

Golfstaaten bestehenden Systemen – in denen ausländische Arbeitnehmer keinerlei Rechte haben – bis hin zu solchen reichen könnten, die Migranten ein breiteres Spektrum an Rechten bieten, allerdings nur für begrenzte Zeiträume.[4] Er ist sich bewusst, dass seine Lösung zwangsläufig zu einer Unterschicht führen wird, zieht sie aber dennoch der Festung Europa vor.

Die moralisch fragwürdige Perspektive, die Migration nur unter dem Gesichtspunkt diskutiert, was Europa „braucht", ist jedoch ebenso dystopisch, ganz zu schweigen davon, dass sie weder die Kosten dieser „Zirkulation" für diejenigen berücksichtigt, die sie durchführen, noch Vorschläge macht, wie man die bevorstehende massenhafte Klimamigration angehen kann.

PROGRESSIVE UTOPIEN

Die Festung Europa ist sicherlich nicht die einzige Dystopie, die es gibt. Angesichts der Klimakrise entstehen überall neue Konzepte des gemeinschaftlichen Lebens. Von Saudi-Arabiens Plan für die intelligente Stadt „The Line" bis hin zu der autonomen Stadt des Milliardärs Peter Thiel „irgendwo im Mittelmeer" – die Zukunft sieht düster aus. Und wenn wir den Spieß umdrehen? Was wäre, wenn wir, statt auf eine Dystopie zuzusteuern, eine utopische Brille aufsetzen würden?

Das vermeintliche „Ende der Geschichte" – die Vorstellung, dass sich die Menschheit zu ihrem endgültigen politischen und wirtschaftlichen System in der kapitalistischen liberalen Demokratie entwickelt hat, da „es keine Alternative gibt" – bedeutete auch das „Ende der Zukunft" im Sinne des Philosophen Franco Berardi [5] oder das „Ende der Utopie" im Sinne des Soziologen Rastko Močnik.[6] Es läutete die Ablehnung von Utopien ein, die als gefährliche, irrationale und eskapistische oder sogar potenziell totalitäre Projekte angesehen wurden.

Dieser Vorstellung vom Ende der Geschichte liegt die modernistische Verbindung von Utopie und Fortschritt zugrunde, [7] die Verbindung von utopischen Impulsen mit der Auffassung von Geschichte als einer linearen Abfolge von Stufen, von denen jede besser ist als die vorherige. Auf dem Gipfel des Fortschritts gibt es keine höheren Stufen mehr; es gibt keinen weiteren Weg mehr zu gehen.

Wir wissen heute, dass die Geschichte nie zu Ende war. In der Tat erleben wir gerade ihre turbulente „Rückkehr". Wir wissen auch, dass die Utopien nicht zu Ende sind. Sie haben einfach eine Art dystopische Überarbeitung

4 Branko Milanović (2019). *Capitalism, Alone*. Cambridge & London: Harvard University Press.
5 Franco Berardi (2011). *After the Future*. Chico: AK Press.
6 Rastko Močnik (1995). *How Much Fascism*? Ljubljana: Studia Humanitaria Minora.
7 Die Überlegungen zur Utopie und ihrer Interpretation im Bloch'schen Sinne verdanke ich Gesprächen mit Maja Kantar und ihrem unveröffentlichten Werk.

erhalten. Wir haben nicht aufgehört, uns andere Welten vorzustellen (es gibt viele schlimmere Welten, die wir uns vorstellen können), sondern wir haben aufgehört, uns bessere Welten vorzustellen.

WAS WÄRE, WENN WIR, STATT AUF DYSTOPIE ZUZUSTEUERN, EINE UTOPISCHE BRILLE AUFSETZEN WÜRDEN?

Im Gegensatz zum modernistischen Utopiebegriff entkoppelt das Werk des Philosophen Ernst Bloch Utopien von der Idee des Fortschritts. Schließlich ist der Begriff des Fortschritts untrennbar mit verschiedenen Formen der Unterwerfung verbunden: Patriarchat, Kolonialismus, Imperialismus und Ausbeutung, um nur einige zu nennen. Bloch sieht die Utopie als eine kritische Analyse konventioneller Konstruktionen (oder Imaginären) von Realität, Zeit und dem Möglichen – eine kritische Negation dessen, was einfach nur *ist,* und eine Infragestellung der Annahmen über das, was in der Gegenwart möglich und unmöglich ist. In der Bloch'schen Philosophie ist die Zukunft offen; sie wird nicht als Entwurf, sondern als Richtung, als Horizont dargestellt.

NEUE HORIZONTE

In Anlehnung an Blochs Suche nach nicht-progressiven Utopien, sein Beharren auf der Möglichkeit des Wandels und der Rolle der Subjekte in diesem Prozess (im Gegensatz zu aktuellen Trends, die menschliche Subjekte nicht berücksichtigen und auf Objekte, Natur oder Technologie setzen) und seine Betonung von Prozessen – auf das Werden statt auf das Sein – könnten wir versuchen, andere migrationspolitische Richtungen zu skizzieren.

Ein Ansatzpunkt ist die Abkehr von utilitaristischen Ansätzen, die Migration aufgrund von Bedürfnissen – wie Arbeitskräftemangel oder Überalterung der Bevölkerung – zulassen, und stattdessen eine proaktive, subjektzentrierte Sicht auf die Zukunft der Migration erlauben.

Eine radikale Überprüfung dessen, was die EU ist und sein sollte, ist unabdingbar, um den apartheidartigen Graben zu vermeiden, auf den wir zusteuern, wenn Europa zu einem Zweiklassensystem der

Staatsbürgerschaft wird. Was genau sind diese „europäischen Werte", die so unermüdlich gepriesen werden? Im Moment scheint es sich um eine willkürliche Auswahl von Merkmalen zu handeln, für die Europa bekannt sein möchte – wie Demokratie, Rechtsstaatlichkeit und wirtschaftlicher Wohlstand -, wobei unbequeme Merkmale wie Herrschaft, Ausbeutung, Kolonialismus, Faschismus und die anhaltend brutale Behandlung von Migranten außer Acht gelassen werden. Ein anderer Tropus, die Notwendigkeit, eine europäische „Lebensweise" zu bewahren, eine postmoderne faschistische Lieblingsphrase und ein offizielles EU-Narrativ, dient nun als geeigneter Ersatz für die allzu problematische Rechtfertigung „Blut und Boden". Identitäres Denken ist also ein zentrales Element des Migrationskonzepts der EU, das daher zum Scheitern verurteilt ist.

Eine Abkehr von der Konzentration auf ethnisch-nationale oder sogar kulturelle Bindungen und stattdessen der Aufbau von Gemeinschaften mit gemeinsamen Zielen – wie ökologische Nachhaltigkeit, hochwertige Gesundheitsversorgung und sozialer Schutz – würde die EU von einer dystopischen Perspektive in das Reich der Utopie führen. Dieses Szenario würde auch bedeuten, dass die Staatsbürgerschaftsgesetze überdacht werden müssten – ein Schritt, zu dem die europäischen Eliten nicht bereit zu sein scheinen.

Seltsamerweise könnte die serbische Regierung dies jedoch tun.[8] Serbien hat vor kurzem Änderungen an seinem Staatsbürgerschaftsgesetz verabschiedet, die es Einwanderern und Asylbewerbern ermöglichen würden, nach nur 12 Monaten vorübergehenden Aufenthalts die serbische Staatsbürgerschaft zu erhalten. Als Reaktion auf diesen Schritt warnten EU-Beamte, dass die Harmonisierung der serbischen Migrationspolitik mit der der EU für das Funktionieren der derzeit geltenden visafreien Regelung von wesentlicher Bedeutung sei.

In ihrem Buch *The Dawn of Everything*, bieten David Graeber und David Wengrow eine überzeugende Widerlegung der verbreiteten Weisheit, dass sich menschliche Gesellschaften linear „progressiv" von einer Stufe zur nächsten entwickeln.[9] Tatsächlich haben die Menschen seit Jahrtausenden zwischen hierarchischen und egalitären Organisationsformen gewechselt und bewusst soziale Ordnungen aufgebaut und zerstört. Graeber und Wengrow identifizieren drei grundlegende soziale Freiheiten: die Freiheit, nicht zu gehorchen, die Freiheit, sich zu entfernen, und die Freiheit, soziale Ordnungen zu schaffen und zu

8 Allerdings ist der Schritt sicherlich eher utilitaristisch als utopisch (was nicht heißt, dass er kein utopisches Potenzial hat): Er dient höchstwahrscheinlich dazu, russische Bürger bzw. deren erfolgreiche Unternehmen im Land zu halten (je nach Schätzung sind zwischen 40.000 und 100.000 von ihnen am Vorabend und kurz nach dem russischen Einmarsch in der Ukraine nach Serbien gezogen und haben bis zu 5000 Unternehmen eröffnet).

9 David Graeber & David Wengrow (2021). *The Dawn of Everything: A New History of Humanity*. London: Allen Lane.

verändern. Diese finden sich in allen Kulturen und Jahrhunderten und erleichtern es den vormodernen Völkern, sich von unangemessenen oder unerwünschten sozialen Strukturen zu trennen, indem sie diese umgestalten, zerstören oder einfach aufgeben.

Im Gegensatz zum modernen (westlichen) Konzept der individuellen Freiheit, bei dem frei zu sein bedeutet, sich selbst zu versorgen, und das als solches untrennbar mit Privateigentum verbunden ist, war für die indigenen Gesellschaften Amerikas die individuelle Freiheit in Strukturen der Fürsorge eingebettet; sie bedeutete, dass die Menschen einander das Leben gestatteten, ohne Angst zu haben, durch die Maschen zu fallen. Warum also nicht die Grundlagen unseres sozialen Umfelds überdenken?

Wie wäre es, wenn wir statt in Abschiebehaftanstalten in ausgeklügelte soziale Infrastrukturen investieren würden, die die Einwanderung erleichtern, indem sie angemessene Unterkünfte, Lebensunterhalt und Beratung bieten? Was wäre, wenn wir die bestehenden Infrastrukturen nicht zur Gewinnerzielung, sondern zur Rettung der Humanität nutzen würden? Was wäre, wenn wir die Schaffung autonomer Gemeinschaften zuließen, die ihre eigenen Wege für die Migration untereinander entwickeln? Dystopische Wege gibt es bereits, warum also nicht auch utopische Wege gehen? Was wäre, wenn wir nicht mehr gezwungen wären, zu besitzen, sondern uns zu kümmern, zu hüten, Hüter unseres gemeinsamen sozialen und natürlichen Reichtums zu werden? Diese Zukunft hat kein Drehbuch. Es gibt keine Gewissheit darüber, wie es weitergeht. Es ist völlig offen.

Der vielleicht wichtigste Schritt liegt also im Bereich der Vorstellungskraft, in dem Bemühen, die Vorstellungen von dem, was möglich ist, radikal in Frage zu stellen und sich von kollektiven, sozial konstruierten und in der Folge eingebürgerten Vorstellungen darüber, was erreicht werden kann und was nicht, zu lösen. Was dann geschieht, liegt in unserer Hand.

ALEKSANDRA (SAŠA) SAVANOVIĆ
ist Autorin und Forscherin. Ihre Forschung konzentriert sich auf postkapitalistische Wirtschaftsparadigmen und die zeitgenössischen Veränderungen von Arbeit, Staat und Staatsbürgerschaft. Sie ist Autorin von zwei Romanen und einer Vielzahl von Forschungsstudien, Grundsatzpapieren, Essays und populären Kommentaren.

DEN BREXIT RÜCKGÄNGIG MACHEN

EINE ZUKÜNFTIGE GESCHICHTE GROSSBRITANNIENS

ARTIKEL VON **MOLLY SCOTT CATO**

Auf einer Welle von Populismus und Euroskepsis hat Großbritannien 2016 für den Austritt aus der EU gestimmt. Nach einer toxischen Austrittskampagne und einem schmerzhaften Scheidungsprozess schien der Schaden für die Beziehungen Großbritanniens zur Europäischen Union irreparabel. Zum Glück war dies nicht der Fall, wie eine Mitteilung aus dem Jahr 2050 bestätigt.

Wenn man auf die turbulenten Ereignisse der ersten Jahre dieses Jahrhunderts zurückblickt, ist es schwer zu glauben, dass einer der führenden Architekten des grünen und demokratischen Europas von 2050 einmal das Sorgenkind der EU gewesen sein könnte. Nach einem Jahrzehnt der wirtschaftlichen Depression und der Enttäuschung über die Narrative der Unabhängigkeit hat Großbritannien in den fast zwanzig Jahren seiner positiven EU-Mitgliedschaft seit dem Neubeitritt im Jahr 2033 mehr als genug Abbuße geleistet.

Rückblickend kann der Brexit als eine Folge der Kinderkrankheiten einer wahrhaft globalen und vernetzten Welt gesehen werden. Es fällt schwer, sich daran zu erinnern, dass Offshoring und digitale Technologien in den 2020er Jahren eine existenzielle Bedrohung für die Demokratie darstellten. Der Erfolg des europäischen „Green Deal" und der Rechtsvorschriften für nachhaltige Finanzen war entscheidend für die Schaffung hochwertiger grüner Arbeitsplätze und für die Bekämpfung der Enttäuschung über das, was Historiker heute als die

„faden Jahrzehnte“ bezeichnen, in denen viele Wähler Politikschaffende als nichts weiter als die Handlanger der Unternehmen abtaten.

Natürlich war die EU-Gesetzgebung „Positiv Digital“, die ähnliche Regelungen in der ganzen Welt inspiriert hat, entscheidend für die Bekämpfung von Online-Desinformation und digitalen Angriffen auf die Demokratie. Die mutigen Investitionen der EU in grüne Infrastrukturen in afrikanischen Ländern während dieser Jahrzehnte machten die jahrhundertelange Ausbeutung rückgängig und trugen dazu bei, die Auswanderung talentierter Afrikaner zu verringern, was viele europäische Politiker genutzt hatten, um Ressentiments zu schüren. In meinem fortgeschrittenen Alter werden Sie mir verzeihen, wenn ich darüber nachdenke, wie wir diesen Erfolg erreicht haben und wie anders die Dinge nach dem schlecht informierten Votum Großbritanniens für den EU-Austritt im Jahr 2016 hätten verlaufen können.

DEREGULIERUNG ODER ZUSAMMENARBEIT?

Am Ende ging alles schneller, als wir es uns hätten vorstellen können. Nach einigen Jahren, in denen die Labour-Regierung ihr Bestes gab, damit der Brexit in den 2020er Jahren klappt, war klar, dass dies einfach nicht machbar war und dass der Schaden, den wir uns mit dem Austritt aus der EU selbst zugefügt hatten, nicht in einem stückweisen Prozess repariert werden konnte. Die einzige Möglichkeit war, ihn rückgängig zu machen.

Die Art von Brexit, die wir am meisten befürchtet haben, nämlich die Deregulierung und das, was von Historikern als Singapur an der Themse bezeichnet wird, ist nie Realität geworden. Die meisten Versuche, Kopien europäischer Gesetze einzuführen, wurden von den Unternehmen abgelehnt, da sie nicht wollten, dass ihre Produkte zwei verschiedene Normen einhalten mussten. Nachdem sie versprochen hatte, verschiedene Umweltgesetze nicht aufzuheben, gab die diskreditierte Brexit-Regierung von 2019 bis 2024 (die gemeinhin als die schlechteste Regierung in der modernen Geschichte Großbritanniens gilt) die Kontrolle der Umweltverschmutzung auf, und es schien, dass wir dazu bestimmt waren, wieder der „Europäische Umweltsünder“zu sein.

Nachdem Boris Johnson 2019 mit dem verlogenen Slogan „getting Brexit done“ Premierminister geworden war, bot die Wahl 2024 einen Neuanfang. Der Brexit wurde zwar von Labour oder den Konservativen kaum erwähnt, aber der Schaden, den er unserer Wirtschaft und unserem politischen Gefüge zugefügt hatte, lauerte im Hintergrund und in den Köpfen vieler Wähler.

Außerhalb der Regierung wurden die Tories nach ihrer Wahlniederlage noch extremer und plädierten für einen „entfesselten Brexit

DIE PROPHEZEIUNG, DASS DER BREXIT DAS ENDE DER KONSERVATIVEN PARTEI BEDEUTEN WÜRDE, HAT SICH SCHLIESSLICH ERFÜLLT.

Großbritannien als deregulierter, verschmutzter, marktwirtschaftlicher Albtraum, von dem ihre glühendsten Befürworter noch 2016 geträumt hatten. Im Jahr 2024 erbte die Labour-Partei ein Land, das sich in einem schrecklichen und zerrütteten Zustand befand. Unsere Flüsse waren kaum mehr als offene Abwasserkanäle, unsere öffentlichen Gebäude verfielen buchstäblich, und unsere Krankenhäuser funktionierten aufgrund von Personalmangel und immer länger werdenden Wartelisten kaum noch.

In diesem Zusammenhang erschien die Vorstellung, dass die Aushöhlung des EU-Umweltschutzes oder die weitere Einschränkung des Streikrechts unsere Probleme lösen könnten, wie grausame Spinnerei. . Es hat ein paar Jahre gedauert, aber die Prophezeiung, dass der Brexit das Ende der Konservativen Partei bedeuten würde, hat sich schließlich erfüllt.

LABOUR AKZEPTIERT DAS UNVERMEIDLICHE

Die Labour-Partei war 2024 mit strengen Haushaltsregeln an die Regierung gekommen und hatte versprochen, Investitionen aus dem Wachstum zu finanzieren. Ohne eine starke ideologische Bindung an das, was die Konservativen damals als „Brexit-Freiheiten" bezeichneten, sei es in Bezug auf Arbeitnehmerrechte oder Umweltschutz, hinkte die Labour-Regierung mit ihrer Duldung des Brexit-Mantras weiter hinterher, während die Wirtschaft ins Stocken geriet und die dringend benötigten Investitionen in öffentliche Dienste auf Eis gelegt wurden.

Die Handvoll grüner Abgeordneter, die 2024 gewählt wurden, übten weiterhin starken Druck auf Labour aus, den Umweltschutz und die Energiewende ernst zu nehmen. Die Labour-Partei tat ihr Bestes, um eine Art „grüne Neuausrichtung" zu erreichen, indem sie sich so weit wie möglich an die sich entwickelnden EU-Gesetze hielt. Besonders erfolgreich war die engere Zusammenarbeit in zwei Bereichen: Energie und Verteidigung. Der britische Energieminister Edward Miliband galt schon immer als europäischer Vordenker in Sachen Klimapolitik und arbeitete eng mit anderen EU-Energieministern und mit Unterstützung der ermutigten grünen Abgeordneten Großbritanniens zusammen, um den COP-Prozess zu stärken und mehr positive globale Maßnahmen zur Bekämpfung des Klimawandels zu entwickeln.

Gleichzeitig machte der Übergang zu erneuerbaren Energien die Zusammenarbeit im Energiebereich unabdingbar. Um die erneuerbaren Energien im Netz auszugleichen, waren mehr als die Kapazitäten eines einzelnen Landes erforderlich, und das europaweite Netz von Energieverbindungsleitungen wurde zu einem zentralen Element, als wir uns von fossilen Brennstoffen verabschiedeten. Es war auch das Herzstück einer stärkeren und vertrauensvolleren Arbeitsbeziehung zwischen der EU und Großbritannien und symbolisch dafür, dass sie tatsächlich noch immer sehr eng miteinander verbunden waren.

Durch die im Jahr 2025 gestartete Initiative Green HydrEU konnte Großbritannien seinen überschüssigen Strom zur Herstellung von grünem Wasserstoff nutzen, der dann auf dem gesamten Kontinent importiertes Erdgas ersetzte. Dies war das erste wirkliche Zeichen dafür, dass Großbritannien Europa seit dem desaströsen Referendum von 2016 etwas Positives bot.

Die Neuausrichtung des Verteidigungssektors in jenen Jahren war auch ausschlaggebend dafür, den Platz Großbritanniens in der Welt neu zu überdenken. Im Jahr 2016 standen Cyberkriege und tödliche Roboter ganz oben auf der Liste. Russlands Krieg gegen die Ukraine lenkte die Aufmerksamkeit auf das, worum es der EU schon immer gegangen war: die Wahrung des Friedens in Europa. Der heldenhafte Kampf des ukrainischen Volkes brachte die Verteidigungsminister Großbritanniens und der EU zusammen, nicht nur um den Freiheitskampf zu unterstützen, sondern auch um sich für einen echten europäischen Frieden einzusetzen, und nicht für einen geteilten Kontinent mit einem eisernen Vorhang ein paar tausend Kilometer weiter östlich.

Die Erfahrungen Großbritanniens mit dem Friedensprozess in Nordirland und die Erfahrungen Deutschlands mit der Unterstützung pro-demokratischer Kräfte in Osteuropa wurden in aller Stille auf Russland übertragen, das sich aus dem gescheiterten Staat und dem oligarchischen Chaos der Putin-Jahre auf den Weg zur Demokratie gemacht hatte. Es grenzte an ein Wunder, dass nur ein Jahrzehnt nach dem Beitritt der Ukraine, der Republik Moldau und der westlichen Balkanländer auch das neue demokratische Russland der EU beitreten konnte. Damit verwirklichte sich endlich Michail Gorbatschows Vision eines „gemeinsamen europäischen Hauses“ und die Sicherheitsgarantien für ihr Territorium, für die die Ukraine gekämpft hatte, wurden endlich zur Realität.

FÜR DIE MEISTEN BRITISCHEN BÜRGERINNEN UND BÜRGER WAR DER BEITRITT ZUR EU EINE NATÜRLICHE ERWEITERUNG DER BESTEHENDEN ZUSAMMENARBEIT.

WAS UNS DER BREXIT GELEHRT HAT

Trotz dieser erfolgreichen Zusammenarbeit machte der Brexit in Großbritannien das Leben der Menschen komplizierter und die Geschäftswelt schwieriger, während unsere Wirtschaft in die Stagnation abdriftete. Zwei Jahre nach der Übernahme der Regierung durch die Labour-Partei wurde deutlich, dass Großbritannien ohne eine Mitgliedschaft in der Europäischen Union wirtschaftlich weiter zurückfallen würde. Eine Zweidrittelmehrheit der britischen Bevölkerung befürwortete die EU-Mitgliedschaft, aber wir mussten unsere europäischen Partner davon überzeugen, dass wir in Zukunft nicht mehr so viel Unruhe stiften würden wie in der Vergangenheit.

Zu diesem Zeitpunkt litt Großbritannien sowohl innenpolitisch als auch auf der Weltbühne, da es durch die falsche Entscheidung, die EU zu verlassen, sowohl wirtschaftlich als auch strategisch geschwächt war. Die vorgetäuschten Handelsabkommen mit den asiatischen Volkswirtschaften trugen nichts dazu bei, den Schaden zu beheben, den die Handelsbeschränkungen mit der EU für so viele britische Unternehmen verursacht hatten. Außerhalb der EU verlor Großbritannien seine Rolle als Brücke zu den USA, und die Auflösung des Commonwealth ließ das Land zunehmend isoliert erscheinen. Das Gerede von einer neuen „besonderen Beziehung" zu Indien trug wirtschaftlich wenig bei, und angesichts des chaotischen Zustands in Russland und des zunehmend autoritären Charakters Chinas fiel es Großbritannien schwer, auf globalen Gipfeltreffen Freunde und Verbündete zu finden.

Die Labour-Partei in ihrem Wahlprogramm für die Wahlen 2029 eine Politik der Verhandlungen über eine Vollmitgliedschaft in der EU fest und gewann mit überwältigender Mehrheit. Die Änderungen des Wahlsystems, die in diesen Jahren eingeführt wurden, schlossen die Euroloony-Konservativen (wie sie damals genannt wurden) für immer von der Macht aus, brachten 2029 aber auch mehr grüne Abgeordnete ins Parlament, zusammen mit einer größeren Anzahl von Liberalen.

Die Tatsache, dass diese Parteien während des gesamten Zeitraums so stark pro-europäisch eingestellt gewesen waren, machte die Verhandlungsposition Großbritanniens mit der EU glaubwürdiger.

EINE DEMÜTIGE, ABER TRIUMPHALE RÜCKKEHR

Die Verhandlungen zogen sich in die Länge, da mehrere nationale Hauptstädte verständlicherweise Garantien für unseren guten Willen benötigten und mögliche Stolpersteine in Bezug auf Schengen und die einheitliche Währung bestanden. Da Irland ebenfalls nicht am Schengener Abkommen beteiligt war, bestand zunächst kein Druck, dem Abkommen beizutreten, aber innerhalb eines Jahrzehnts wurde klar, dass die Freizügigkeit auf dem gesamten Kontinent so weit verbreitet war, dass es einfach keinen Sinn machte, eine Schranke am irischen oder englischen Kanal zu aufzubauen. Da sich viele britische Wirtschafts- und Finanzfachleute stark für die Beibehaltung des Pfunds einsetzten, war die Frage des Euro problematischer. Dies war zwar kein Hindernis für unseren EU-Beitritt, aber im Laufe des folgenden Jahrzehnts wurden unsere Finanzmärkte so miteinander verflochten, dass der Beitritt zum Euro, der nun einer demokratischen Kontrolle und nicht mehr der Macht der Banker unterlag, für die meisten Briten kein Problem mehr darstellte. Die rot-grüne Regierung von 2029-34 nahm uns mit nur wenigen Gegenstimmen auf.

Die Modernisierung unserer Demokratie aus dem 17. Jahrhundert – insbesondere die Einführung des Verhältniswahlrechts – bedeutete, dass die schlimmsten europaskeptischen Kräfte für immer aus unserem politischen Leben verschwunden waren. Als die einstigen Euroskeptiker alt wurden und starben, wählten sie weiterhin ihre wütenden Parteien, aber in immer geringerer Zahl, so dass sie zwar anfangs im 2029 gewählten Parlament vertreten waren, Ende der 2030er Jahre aber nicht mehr in Erscheinung traten.

Für die meisten britischen Bürger war der Beitritt zur EU eine natürliche Erweiterung der laufenden Zusammenarbeit und eine Chance, den wirtschaftlichen Aufschwung zu genießen, den unsere ursprüngliche Mitgliedschaft für uns bedeutet hatte. Es gab die kleinen praktischen Gründe – die Heimtierpässe und die Roaming-Gebühren – und das umfassendere symbolische Gefühl, schon immer Europäer gewesen zu sein, und dass wir ebenso Mitglieder dieses Clubs waren wie die anderen. Die Jahre, in denen wir auf uns allein gestellt waren, hatten den meisten Briten einige Lektionen erteilt: dass wir nicht mehr die Meere beherrschten, dass wir nicht außergewöhnlich waren und dass wir lernen sollten, unser gutes, aber dennoch gewöhnliches Blatt geschickter und ohne Ressentiments auszuspielen.

Die Politiker, die in die EU-Institutionen zurückkehrten – und ich bin stolz darauf, dass ich zu dieser Gruppe gehöre – taten dies mit einem Gefühl der Demut und der historischen Verantwortung. Wir hatten verstanden, dass die Werte, die wir vielleicht als selbstverständlich angesehen hatten, wie Rechtsstaatlichkeit und Demokratie, nicht unantastbar waren. Die EU hatte sie für die zerstörten Nachkriegswirtschaften und die neuen Demokratien im Mittelmeerraum sowie für die Länder Mittel- und Osteuropas garantiert. In einer zunehmend autoritären Welt und angesichts der Tatsache, dass sich unsere eigenen demokratischen Grundlagen weit weniger stabil anfühlten, als wir es uns vorgestellt hatten, waren wir dankbar, Teil des weltweit führenden demokratischen Blocks zu sein.

So kehrten wir zu dem Platz zurück, den wir schon immer innehatten: als ein führender legislativer Partner in den EU-Institutionen. Wir stellten erfreut fest, dass die meisten Gesetze, zu denen wir in den 40 Jahren unserer Mitgliedschaft beigetragen hatten – und die besondere Version des Englischen in der EU – unsere Abwesenheit überlebt hatten. Unsere Rückkehr war von einem erneuerten Engagement für europäische Werte und europäische Institutionen geprägt. Wer würde es nach den Erfahrungen der letzten zwei Jahrzehnte wagen, zu behaupten, dass wir alleine besser dran wären?

MOLLY SCOTT CATO
war früher Professorin für grüne Wirtschaft und spricht für die Grüne Partei von England und Wales über Wirtschaft und Finanzen. Zwischen 2014 und 2020 vertrat Molly Südwestengland und Gibraltar im Europäischen Parlament. Sie ist stellvertretende Vorsitzende des European Movement UK.

JENSEITS DER EUROPÄISCHEN ÖFFENTLICHEN SPHÄRE

ARTIKEL VON
KONRAD BLEYER-SIMON

Die Versuche, seit den 1990er Jahren eine europäische Öffentlichkeit zu schaffen, kollidieren mit der überwiegend nationalen Ausrichtung der Medien und dem Demokratiedefizit der EU-Entscheidungsfindung. Seitdem hat sich der Europäisierungsprozess fortgesetzt und die Medienlandschaft hat sich dramatisch verändert, aber das Angebot an demokratischen Räumen für die Bürger bleibt begrenzt. Ist eine postnationale Demokratie in Reichweite?

Die Idee einer europäischen Öffentlichkeit gewann in den 1990er und frühen 2000er Jahren an Popularität, einer Zeit, in der die EU ehrgeizigere Ziele für das europäische Projekt verfolgte. Damals wurde die Bildung einer europäischen Agora, in der die Stimme jedes Europäers zählt, als logischer Schritt hin zu einer echten europäischen Demokratie angesehen. Bald würden die Europäer europäisches Fernsehen sehen, europäische Zeitungen lesen und über Themen von europäischer Bedeutung diskutieren. Nach Jahren der Krisen und des zunehmenden Nationalismus ist diese Idee fast in Vergessenheit geraten. Kann sie wiederbelebt werden?

Machen Sie mit mir ein Gedankenexperiment. Stellen Sie sich vor, Sie hätten Freunde in Frankreich, Polen, Estland und Portugal. Oder in der Türkei, der Ukraine, Kenia, sogar in Japan. Stellen Sie sich vor, Sie könnten sich mit ihnen in einer gemeinsamen Sprache unterhalten. Stellen Sie sich vor, Sie könnten sich über die neuesten gesellschaftlichen und politischen Entwicklungen informieren, die sich Hunderte oder Tausende von Kilometern von zu Hause entfernt abspielen. Und stellen Sie sich vor, Sie könnten erfahren, dass viele Menschen in Europa – und in der ganzen Welt – die gleichen Sorgen und Werte, politischen Ziele und Herausforderungen haben wie Sie.

Das ist großartig, und es ist bereits Realität. Zumindest würden das die meisten – wenn nicht alle – Leser sagen. Europa und der größte Teil der Welt sind miteinander vernetzt! Die Beschreibung all der Möglichkeiten, mit denen wir Informationen austauschen und weltweit kommunizieren können, erscheint so selbstverständlich. Was ist also der Sinn dieses Gedankenexperiments?

Es soll zeigen, dass die Welt in der Tat zunehmend vernetzt ist. Die Menschen sind sich zunehmend bewusst, dass es mehr gibt, was die Nationen eint, als was sie trennt. Es wächst sogar die Einsicht, dass die meisten Herausforderungen der Menschheit – Klimawandel, Armut, Umweltverschmutzung, Krieg – global sind, ebenso wie ihre Lösungen. Dennoch finden Diskussionen über internationale Themen fast ausschließlich auf der zwischenmenschlichen Ebene – unter Freunden und in der Familie – oder in elitären Kreisen statt. Die Mainstream-Debatten, die die politischen Ergebnisse bestimmen, drehen sich um nationale Interessen und bauen auf langjährigen Stereotypen über uns selbst und andere auf. Unsere Öffentlichkeiten sind immer noch an nationale Mediensysteme gebunden und spiegeln ein Verständnis von Welt und Nationalstaat wider, das eher dem westfälischen Frieden nahekommt. Wenn in anderen Teilen der Welt (auch in der unmittelbaren Nachbarschaft Europas) Kriege ausbrechen, geht es uns in erster Linie darum, die Flüchtlinge von unseren Ländern fernzuhalten oder die negativen wirtschaftlichen Auswirkungen abzumildern, auch zum Nachteil anderer Mitglieder der europäischen Gemeinschaft. Wenn die Wälder brennen, machen wir uns Sorgen, dass dies unsere Urlaubspläne beeinträchtigen könnte; bei globalen Pandemien diskutieren wir, wie wir am besten Impfstoffe, Masken und Toilettenpapier horten können.

Auf der Ebene der Politik und der öffentlichen Diskussion betrachten sich die europäischen Länder gegenseitig als Konkurrenten und nicht als Partner. Wenn es um wichtige politische Entscheidungen geht, wie z. B. den Umgang mit der Pandemie in Europa, werden die wichtigsten Details nicht in der Öffentlichkeit besprochen, sondern – wie die New York Times im Jahr 2021 enthüllte – in privaten Textnachrichten zwischen dem Präsidenten der EU-Kommission und dem Vorstandsvorsitzenden eines großen Pharmaunternehmens. Versuche, über europäische Werte und Lösungen (ganz zu schweigen von einer globalen Sicht der Dinge) in nicht ausgrenzenden Begriffen zu sprechen, bleiben aus.

DIE GESTALTUNG EINER EUROPÄISCHEN ÖFFENTLICHKEIT

Im späten 20. und im ersten Jahrzehnt des 21. Jahrhunderts wurden wichtige Diskussionen von der Idee beeinflusst, dass Europa auf dem Weg zu einer postnationalen Demokratie ist, in der sich die Bürger in erster Linie als Europäer sehen und die Nationalität nur eine mittlere Komponente der Identität ist, die mehr darüber aussagt, woher eine Person kommt, als wohin sie geht. Von den Bürgern Europas wurde erwartet, dass sie einen europäischen „Demos" bilden, eine politische Einheit, deren Mitglieder, auch wenn sie in fast allen Fragen unterschiedlicher Meinung sind, akzeptieren, dass sie eine gemeinsame Zukunft haben, die sie gemeinsam gestalten müssen.

Viele Kommentatoren stützten sich damals auf die Arbeiten des deutschen Philosophen Jürgen Habermas, insbesondere auf seine Theorie des öffentlichen Raums, um herauszufinden, wie Menschen mit unterschiedlichem Hintergrund am Projekt der Demokratie teilnehmen können. Für Habermas ist die öffentliche Sphäre der Raum, in dem sich Menschen versammeln können, um ihre Bedürfnisse zu artikulieren und Themen von gemeinsamem Interesse zu diskutieren – mit anderen Worten -, um über Politik zu sprechen. Nach Habermas ist der Zugang zu dieser öffentlichen Sphäre uneingeschränkt – jedes Mitglied der Gesellschaft sollte daran teilnehmen können -, damit sich eine „öffentliche Meinung" bilden kann. Diese „öffentliche Meinung" wurde als Voraussetzung für demokratisches Regieren angesehen. Habermas sieht die Ursprünge dieser Sphäre in den Kaffeehäusern und Salons des 17. und 18. Jahrhunderts, in denen lebhafte Diskussionen unter dem Bürgertum stattfanden. Im 20. Jahrhundert wurden die Nachrichtenmedien – mit ihrer Fähigkeit, Stimmen in der Gesellschaft zu verstärken und die öffentliche Meinung zu formen – zum Schauplatz solcher Diskussionen.

Diese Idee der europäischen Öffentlichkeit entstand als mögliche Lösung für ein aufkommendes Problem, wie es bei Utopien oft der Fall ist.

Bereits in den 1990er Jahren gab es Bedenken in Bezug auf das Demokratiedefizit der EU-Institutionen. Obwohl die Bürgerinnen und Bürger anderen europäischen Kulturen gegenüber aufgeschlossener wurden und die EU allmählich Merkmale von Staaten zu übernehmen begann, blieben die europäischen Wahlkämpfe hartnäckig auf der nationalen Ebene. Die politischen Parteien blieben national, und die meisten Bürger hatten keine Ahnung, was in Brüssel oder Straßburg vor sich ging. Ein gemeinsamer öffentlicher Raum versprach Abhilfe, indem er die europäischen Bürger in die Lage versetzte, sich auf Themen zu verständigen, die auf europäischer Ebene in Angriff genommen werden müssen und gemeinsam die Mittel dafür zu bestimmen.

Es war nicht klar, ob der europäische Demos als Teil einer großen europäischen Öffentlichkeit oder durch viele kleinere, sich überschneidende Sphären beraten würden. Tatsächlich aber kann öffentliche Beratung auf vielen Ebenen gleichzeitig stattfinden – auch auf nationaler, regionaler und lokaler Ebene – sowie in themenbezogenen Foren, die alle nebeneinander bestehen und sich gegenseitig ergänzen können.

Zu dieser Zeit gab es in Europa wichtige Versuche, eine gesamteuropäische Öffentlichkeit einzubeziehen, darunter *Euronews* im Jahr 1993 und dann *European Voice* und sein Nachfolger *Politico Europe* in den 2000er Jahren. Diese Publikationen waren jedoch elitenorientiert und hatten nur eine begrenzte Reichweite außerhalb der Brüsseler Blase. In der Zwischenzeit wählten viele Europäer britische oder amerikanische Medien, um eine internationale Perspektive zu erhalten, was bedeutete, dass die Nachrichten sie durch einen angelsächsischen Filter erreichten. Dennoch war in den nationalen Nachrichtenmedien eine gewisse Europäisierung zu erkennen, die sich bis heute fortsetzt, sowohl in Bezug auf die Auswahl der Themen als auch auf die Art und Weise, wie über sie berichtet wurde, was darauf hindeutet, dass ein relativ breiter Querschnitt der Gesellschaft zumindest einigen europäischen Debatten ausgesetzt war.

Warum sich dies nicht zu einem eher postnationalen Medienrahmen entwickelt hat, hat viel mit den politischen Entwicklungen der frühen 2000er Jahre zu tun. Das Scheitern einer geplanten EU-Verfassung führte zur Unterzeichnung des Vertrags von Lissabon im Jahr 2007. Dieser Vertrag erweiterte zwar die Kompetenzen des EU-Parlaments, brachte aber nicht die von den Europäern angestrebte tiefgreifende Integration und Föderalisierung. Weder der intergouvernementale Ansatz noch die Forderung nach einem Europa der zwei Geschwindigkeiten schienen dafür einen günstigen Rahmen zu bieten, ganz zu schweigen von der Krise in der Eurozone, dem Aufstieg der Rechtsextremen und der zunehmenden Anti-Flüchtlings-Stimmung.

WARUM EINE EUROPÄISCHE ÖFFENTLICHE SPHÄRE ANSTREBEN?

Von einem fortschrittlichen, pro-europäischen Standpunkt aus gesehen ist es schwer, der Idee einer europäischen Öffentlichkeit zu widersprechen. Dennoch ist es wichtig, einige der frühen Kritikpunkte an dieser Idee zu erwähnen, da sie uns helfen können, einige der wichtigsten Herausforderungen in Bezug auf die Machbarkeit und Wünschbarkeit dieser Utopie zu erkennen.

Ein Problem, das das zur Sprache kam, war die Frage nach dem Huhn oder dem Ei. Wenn die postnationale Politik eine postnationale Öffentlichkeit benötigte, so galt dies auch umgekehrt: Es war schwierig, eine echte europäische Öffentlichkeit zu schaffen, wenn die Entscheidungen der EU undurchsichtig erschienen und die wichtigsten politischen Akteure ihre Botschaften und politischen Vorschläge immer noch mit Blick auf das nationale Publikum formulierten. Dem ist natürlich entgegenzuhalten, dass jede Demokratie ihre Wurzeln in Autokratie, Unterdrückung oder der Flucht vor Terror hat – die meisten von ihnen haben es dennoch geschafft, neben ihren demokratischen Institutionen eine Öffentlichkeit aufzubauen.

Ein weiterer Einwand war die Frage danach, in wie weit die Europäisierung der Debatten die politischen Gewohnheiten in der EU beeinflussen könnte. Die Kommunikationsforscherin Silke Adam[1] weist darauf hin, dass es das mangelnde Interesse an der EU-Politik den Politikern in Brüssel erlaube, Kompromisse zu suchen. Eine europäische Öffentlichkeit könnte jedoch von ihnen verlangen, dass sie ihre Positionen gegenüber der Öffentlichkeit erläutern, wodurch Abweichungen von ihrer ursprünglichen Haltung wie eine Niederlage aussehen würden.

In der Praxis gab es jedoch bereits Anzeichen dafür, dass diese alte Gewohnheit der elitären Entscheidungsfindung sich nicht bewähren

1 Silke Adam (2016). "European Public Sphere". *The International Encyclopedia of Political Communication in edited version*, in *Gianpietro Mazzoleni (ed.) The International Encyclopedia of Political Communication.* Hoboken, New Jersey: Wiley-Blackwell. Abrufbar auf <https://bitly.ws/ZJ3X>.

– oder populistische Übergriffe nicht überstehen würde. In vielen Fällen erlaubte es die Kluft zwischen der EU-Ebene und der nationalen Ebene den nationalen Politikern, so zu tun, als seien äußere Zwänge für die meisten – wenn nicht für alle – unpopulären Entwicklungen, seien es Wirtschaftskrisen, Sparmaßnahmen oder Migration, verantwortlich. Die Brexit-Kampagne ist vielleicht das beste Beispiel, aber bei weitem nicht das einzige. Das europäische Projekt kann ohne eine bessere Einbindung der Bürgerinnen und Bürger nicht weitergeführt werden.

Die Wirtschaftspolitik und die Verteilung von Geldern sind besonders wichtige Themen in nationalen öffentlichen Debatten, die sowohl europäische als auch nationale Komponenten haben; eine richtige Debatte könnte nur auf europäischer Ebene stattfinden. In geringerem Maße war dies der Fall, als die Anti-Austeritäts-Bewegungen während der Krise in der Eurozone bedeutende politische Reformen forderten und als die Dublin-Regeln der EU zur Migration den Weg zu einer humanitären Katastrophe zu ebnen drohten. Wenn wir das komplexe System aus EU-Verträgen, nationalen Verfassungen, Gesetzen und politischen Maßnahmen entflechten wollen, müssen wir sinnvolle europäische Debatten fördern.

Schließlich hat eine Vielzahl von Forschungsarbeiten bereits darauf hingewiesen, dass dieses Ideal der Habermas'schen Öffentlichkeit von Anfang an ausschließend war, da es Frauen und Minderheiten nicht in die Diskussion einbezog, ganz zu schweigen davon, dass die Art und Weise, wie sich die öffentliche Meinung im 20. und 21. Jahrhundert bildete, weit entfernt war von den Diskussionen in den Cafés des 17. Jahrhunderts, da der Diskurs oft manipuliert und von oben nach unten gelenkt wurde. Dabei wird die bloße Ausweitung nationaler Medien auf die europäische Ebene nicht ausreichen, um einen gemeinsamen Kommunikationsraum zu schaffen.

Dies ist ein wichtiger Punkt. Aber der Aufbau einer europäischen Öffentlichkeit war nie ein einfaches Unterfangen – und schon gar nicht eines, das das angeschlagene Modell der nationalen Nachrichtenmedien kopiert. Die Europäisierung sollte vielmehr als Chance gesehen werden, etwas Neues und Widerstandsfähiges zu schaffen, etwas, das unbehelligt bleibt von Unzulänglichkeiten der nationalen Medien. Es könnte sogar sein, dass die Befreiung von ihren nationalen Fesseln der einzige Weg ist, um die Nachrichtenmedien wiederzubeleben.

DIE NÄCHSTEN SCHRITTE

Auch wenn diese Beschreibung der heutigen nationalen Öffentlichkeiten düster klingen mag, ist es wichtig zu betonen, dass die europäische Bevölkerung anderen Menschen und Kulturen gegenüber offener geworden ist. Millennials und Gen-Z sprechen mit größerer

DIE EUROPÄISIERUNG SOLLTE ALS CHANCE GESEHEN WERDEN, ETWAS NEUES UND WIDERSTANDSFÄHIGES ZU SCHAFFEN.

Wahrscheinlichkeit andere europäische Sprachen und haben mehr internationale Erfahrung als ihre Eltern. Junge Menschen können sich eher vorstellen, in anderen Ländern zu leben und zu arbeiten und sich allmählich in deren Politik zu vertiefen. Solidaritätsdemonstrationen für die Ukraine oder „Fridays for Future"-Klimaproteste finden länderübergreifend gleichzeitig statt, ebenso wie Demonstrationen gegen die Festung Europa. In vielen Online-Gemeinschaften wird die eigene Nationalität nur selten erwähnt: Alles, was zählt, ist das gemeinsame Interesse.

Wenn sich die Bürger Europas tatsächlich in eine postnationale Richtung entwickelt haben, liegt das Problem vielleicht in den begrenzten Möglichkeiten, sich an postnationaler Politik zu beteiligen. Vielleicht liegt es nicht an der Qualität, sondern eher an der mangelnden Vielfalt und der begrenzten Auswahl. Auf Brüssel ausgerichtete Nachrichten, Nachrichtenmedien der alten Schule und kulturelle Fernsehkanäle sind wertvoll, sprechen aber nur einen kleinen Teil des europäischen Publikums an. Das Gleiche gilt für neuere Projekte wie grenzüberschreitende Recherchen, paneuropäische, journalistische Bemühungen oder Dokumentarfilmprojekte sowie für künftige Plattformen, die Inhalte von öffentlichem Interesse übersetzen und die Erstellung vertrauenswürdiger Nachrichten syndizieren sollen. Ihr Wert liegt auf der Hand, und vor allem die neueren Bemühungen leisten gute Arbeit, bei der Einbeziehung unterschiedlicher nationaler Narrative, statt von einem westeuropäischen Standpunkt aus zu sprechen, der als objektiver Blick aus dem Nichts getarnt ist.

Dennoch gibt es nur wenige dieser Anstrengungen. Noch dazu sind sie unterfinanziert und haben nur begrenzte Wirkung. Zwar wird ein zunehmender Teil der Inhalte in mehr als einer europäischen Sprache angeboten, doch ist Englisch nach wie vor die Lingua franca und die Quelle der meisten Originalinhalte. Da Englisch die am häufigsten gesprochene Sprache in der EU ist, ist dies eine praktische Entscheidung, damit ein größtmögliches Publikum erreicht werden kann. Es besteht aber auch die Gefahr, dass große Teile der Bevölkerung ausgeschlossen werden und die Ansichten der anglophilen Eliten überrepräsentiert werden. Um das Angebot zu verbessern, ist es an der Zeit, die Unterstützung zu erhöhen, die Projekte auszuweiten und das Interesse der Bürger zu steigern.

Gibt es einen besseren Zeitpunkt als jetzt? Zumindest haben sich damit der deutsch-französische Politiker Daniel Cohn-Bendit und der deutsche Intellektuelle Claus Leggewie kürzlich im *Eurozine.* auseinandergesetzt.[2] Sie vertraten die Ansicht, dass die aktuelle geopolitische Realität, vor allem der russische Angriffskrieg in der Ukraine, einen Impuls für eine Art Post-Nationalismus gegeben hat, der sogar die Grenzen der EU überschreiten könnte. Die immer greifbareren Bedrohungen unserer gemeinsamen Werte und die ungewissen Aussichten für unsere gemeinsame Zukunft – ganz zu schweigen von der Nähe des menschlichen Leids – haben in den europäischen Gesellschaften bereits beispiellose Gesten der Solidarität ausgelöst. Es ist nun an der Zeit, diese Energie zu nutzen, um eine solide Grundlage für das zu schaffen, was eine europäische Öffentlichkeit werden könnte.

Aber was genau sollte eine solche europäische Öffentlichkeit ausmachen, wenn ein Fernseh-Nachrichtenkanal nicht ausreicht? Zunächst einmal müssen wir berücksichtigen, dass sich die Medienlandschaft gründlich verändert hat, seit die Diskussion über die europäische Öffentlichkeit in den 2000er Jahren abrupt endete.

Für viele Menschen sind Zeitungen und Fernsehsender irrelevant geworden. Die sozialen Medien sind zur dominierenden Informationsquelle geworden, nicht nur als Schnittstelle zwischen den traditionellen Medien und dem Publikum, sondern auch zunehmend als Ort, an dem neue Informationen ausgetauscht werden. Diese Plattformen sind heute die gemeinsame Informationsinfrastruktur von Menschen auf der ganzen Welt. Aufgrund der ihnen innewohnenden Logik der Gewinnmaximierung sind sie jedoch eher geeignet, Menschen zu radikalisieren und gegeneinander auszuspielen, als eine konstruktive Diskussion zu ermöglichen.

Francesca Bria, Expertin für Digitalpolitik, forderte kürzlich ein europäisches „Tech-Ökosystem für das öffentliche Interesse“, das öffentliche Diskussionen ermöglicht, ohne von dominanten Online-Plattformen vereinnahmt zu werden.[3] Ein erster Schritt in diese Richtung, so Bria, könnte eine „europäische Alternative zu Twitter“sein, die „unabhängig und öffentlich ist, Daten verwalten kann [und dabei]

2 Daniel Cohn-Bendit und Claus Leggewie (2023). "Europe's second chance". *Eurozine*. Freitag, 14. Juli 2023. Abrufbar unter <https://bitly.ws/ZJ62>.
3 Niklas Maak (2023). „Wir brauchen dringend ein europäisches Twitter“. *Frankfurter Allgemeine Zeitung*. Sonntag, 23. Juli 2023. Abrufbar unter <https://bit.ly/47t3l0I>.

die digitale Souveränität der Bürger bewahrt und hochwertige Inhalte und Journalismus schafft".

Doch „Euro-Twitter"(oder „Euro-X") ist erst der Anfang. Die Infrastruktur der öffentlichen Sphäre muss auf vielen Pfeilern ruhen, die bereits bestehenden fragmentierten Bemühungen einbeziehen, das, was auf nationaler Ebene funktioniert, hochskalieren, die Zusammenarbeit fördern und Investitionen in nützliche oder innovative neue Projekte und Technologien pflegen. Und während wir daran arbeiten, dies zu verwirklichen, sollten wir nicht vergessen, dass die EU-Institutionen und Politiker mitspielen müssen. Eine öffentliche Sphäre braucht nicht nur Debatten, sondern auch das Versprechen, dass das, was diskutiert wird, auch tatsächlich Auswirkungen haben kann.

KONRAD BLEYER-SIMON
ist wissenschaftlicher Mitarbeiter am Zentrum für Medienpluralismus und Medienfreiheit. Er promovierte im Rahmen des gemeinsamen Programms „Menschenrechte unter Druck" der Freien Universität Berlin und der Hebrew University of Jerusalem.

DER TRANSNATIONALE FEMINISMUS UND SEINE FEINDE

ARTIKEL VON
SÉGOLÈNE PRUVOT

Feministische Bewegungen sind zwar von Natur aus transnational, und es gibt zahlreiche Beispiele für eine positive Veränderung gesellschaftlicher Einstellungen, doch geraten die Bemühungen um den Aufbau integrativerer Gesellschaften zunehmend ins Fadenkreuz gut finanzierter Netzwerke gegen Rechte. Die Verwirklichung eines wirklich feministischen Europas erfordert Ressourcen, Unterstützung für Aktivisten und Bündnisse auf allen Ebenen.

Wenn man von einer feministischen Zukunft für Europa träumt, könnte man sich einen Ort vorstellen, an dem niemand zurückgelassen wird. Ein Ort, an dem niemand aufgrund seines Geschlechts, seiner Ethnie, seiner sexuellen Orientierung, seiner körperlichen Fähigkeiten, seines Geburtsortes oder seiner Nationalität diskriminiert wird. Ein Ort, an dem diejenigen, die eine Familie haben, Eltern sein und einer erfüllenden Arbeit nachgehen können, an dem diejenigen, die eine Familie wollen, die Mittel dazu haben, und diejenigen, die das nicht wollen, sich nicht rechtfertigen müssen. Ein feministisches Europa wäre vor allem ein Ort, an dem keine Gewalt als Mittel zum Umgang mit zwischenmenschlichen und zwischenartlichen Beziehungen akzeptiert wird.

Feminismus ist eine Art, die Welt zu verstehen und zu handeln. Er lehnt bestehende Formen gesellschaftlicher Organisation ab, die Frauen und rassifizierte Menschen unterdrücken und Menschen, Tiere und die Ressourcen der Erde ausbeuten. Es ist eine Positionierung, die versucht, Herrschaft zu verstehen, zu begreifen und herauszufordern. Es ist eine Art, sich zu positionieren, um zu verstehen, wie verschiedene Formen von Herrschaft und Diskriminierung ineinandergreifen. Der Feminismus reflektiert über und aus der Position der Frauen und der Frauenrechte, nicht um (einige) Frauen als neue Herrscherinnen zu etablieren, sondern im Gegenteil, um Wege zu einer Welt zu bahnen, in der Herrschaft nicht die Regel ist. Feministische Denkerinnen, Intellektuelle, Schriftstellerinnen, Künstlerinnen und Aktivistinnen schaffen den fruchtbaren Boden für die Vorstellung und Konstruktion alternativer Modelle. Feministische Bewegungen sind die Bienenstöcke, die neue Wege zur Durchsetzung von Alternativen fördern.

Als Teil dieser Bewegungen arbeite ich am Aufbau transnationaler Verbindungen zwischen Feministinnen mit Initiativen wie Room to Bloom, das feministische Künstlerinnen vernetzt und unterstützt, und FIERCE, das feministische und Anti-Gender-Bewegungen in verschiedenen Ländern analysiert.

Auch wenn Träume notwendig sein mögen, geht es bei feministischen Bewegungen vor allem darum, etwas zu tun: mutig und unermüdlich den Weg für Veränderungen zu ebnen, etablierte Formen der Herrschaft abzulehnen und neue Vorgehensweisen aufzubauen.

BEDROHUNGEN FÜR DIE RECHTE DER FRAUEN

Leider rückt der Traum von einer friedlichen Zukunft, die auf den Grundsätzen des Respekts, der sozialen Gerechtigkeit und der Freiheit beruht, jeden Tag weiter in die Ferne. Die wachsende soziale und wirtschaftliche Polarisierung – die Auswirkungen des globalen Kapitalismus – in Verbindung mit dem zunehmenden Nationalismus und der Rückkehr von Fremdenfeindlichkeit und rechtsextremen Bewegungen in den politischen Mainstream sind die größten Bedrohungen für die Frauenrechte und die feministische Bewegung.

Bis vor kurzem galt der Feminismus als soziale Bewegung, als eine Sache der Vergangenheit, eine Bewegung, die mit dem vermeintlichen Triumph der Gleichberechtigung ihre Existenzberechtigung verloren hatte.

Die Explosion der #MeToo-Bewegung im Jahr 2017 (auch dank der von Feministinnen in den Vorjahren mutig entfachten und gehegten Flammen) hat es geschafft, den Feminismus wieder zu einem akzeptablen Handlungsrahmen im öffentlichen Raum zu machen. Durch die Enthüllung des tiefgreifenden Ausmaßes des Patriarchats in unseren Gesellschaften wurden die sexistische und sexuelle Gewalt, der Frauen und Kinder ihr ganzes Leben lang ausgesetzt sind, und die Illusion der Gleichheit zwischen Frauen und Männern aufgedeckt.

Die Bewegung #MeToo hat den Feminismus nicht neu erfunden, aber sie hat einiges dazu beigetragen, die gesellschaftliche Haltung gegenüber der Bewegung zu verändern. Sie hat frischen Wind in die Segel der feministischen

#METOO HAT DEN FEMINISMUS NICHT NEU ERFUNDEN, ABER SIE HAT EINIGES DAZU BEIGETRAGEN, DIE GESELLSCHAFTLICHE HALTUNG GEGENÜBER DER BEWEGUNG ZU VERÄNDERN

Arbeit in der ganzen Welt gebracht und gezeigt, dass sie gerecht und gerechtfertigt ist. Sie hat Hoffnung geweckt, obwohl es viele Gründe gibt, zu verzweifeln und sich gelähmt zu fühlen.

Aber #MeToo fand auch zu einer Zeit statt, in der Anti-Gender-Bewegungen langsam und sicher an Boden gewannen, die oft die Rechte der Frauen unter dem Vorwand angriffen, sie gegen das zu verteidigen, was sie als die Verirrungen des radikalen Feminismus ansahen.

Nationalistische und rechtsextreme Bewegungen – wie das Rassemblement National (RN) in Frankreich unter Marine Le Pen und die Fratelli d'Italia unter Giorgia Meloni – haben sich durch die Übernahme und Wiederaneignung von Teilen des feministischen Erbes ausgezeichnet. Diese wurden neu erfunden und umgedeutet zu dem, was die amerikanische Autorin Susan Faludi als „Femo-Nationalismus“[1] bezeichnet hat, um progressiven Feminismus, reproduktive Rechte und Migrantinnen ins Visier zu nehmen.

Giorgia Meloni brachte dies eindrucksvoll auf den Punkt, als sie im Jahr 2022 vor einer großen Anhängerschaft der rechtsextremen spanischen Partei Vox sprach: „Ja zur natürlichen Familie, nein zur LGBT-Lobby! Ja zur sexuellen Identität, nein zur Gender-Ideologie! Ja zur Kultur des Lebens, nein zum Abgrund des Todes! Ja zu den universellen Werten des Kreuzes, nein zur islamistischen Gewalt! Ja zu sicheren Grenzen, nein zur Masseneinwanderung!“

Etwas mehr als ein Jahr nach Melonis Amtsantritt als Italiens erste Ministerpräsidentin im Oktober 2022 hat sich das Klima für LGBTQIA+ Einwohner Italiens bereits geändert. Im Juli 2023 verlangte ein Staatsanwalt, dass die Geburtsurkunden von 33 Kindern, die durch medizinisch unterstützte Fortpflanzung von lesbischen Paaren geboren wurden, geändert werden, um den Namen der zweiten Mutter zu

1 Susan Faludi (1992). *Backlash: The Undeclared War Against Women*. London: Vintage Books.

streichen. Dies ist ein Modus Operandi, der darin besteht, geschlechterfeindliche Diskurse zu instrumentalisieren, um der Idee der Gleichheit zwischen Menschen entgegenzuwirken, und der daher die Grundlagen unserer Demokratien untergräbt.

Die reproduktiven Rechte werden als ein Bereich angesehen, in dem es möglich ist, das zu „demonstrieren" und zu instrumentalisieren, was die Konservativen als einen wesentlichen Unterschied zwischen den Menschen darstellen wollen. Diese Ideen haben eine starke Grundlage in der Konzeption des Vatikans über den Unterschied zwischen Männern und Frauen. Wie die Forschenden Sara Garbagnoli und Massimo Prearo hervorheben, hat der Vatikan seit den 1990er Jahren eine neue essentialistische Darstellung der Frau als gleichwertiger, aber wesentlich anderer Mensch gefördert.[2] Im Jahr 1995 ermutigte Papst Johannes Paul II. in einem Brief an die Bischöfe mit dem Titel *Evangelium Vitae* die Frauen sogar, einen „neuen Feminismus"zu fördern, der „den wahren Genius der Frau" (d. h. die Unterstützung des Lebens) bejaht.

Der Vatikan hat maßgeblich dazu beigetragen, den Mythos einer „Gender-Theorie" zu schaffen, die zum Schutz des Lebens bekämpft werden muss. Eines der mächtigen Koordinationsnetzwerke, das diese Idee vorantreibt, ist die 2013 gegründete Agenda Europe, „die den normativen Rahmen für den Kampf gegen sexuelle und reproduktive Gesundheit und Rechte bildet".[3] Agenda Europe vereint mehr als 100 Verbände aus mehr als 30 europäischen Ländern.

INTERNATIONALE ANTI-GENDER-NETZWERKE

Die Einbettung von antifeministischem und Anti-Gender-Aktivismus in eine breitere konservative Bewegung auf der ganzen Welt wurde während der Trump-Präsidentschaft deutlich. Ein Beispiel dafür ist der Budapester Demografiegipfel, ein 2015 ins Leben gerufenes Netzwerk von nationalistischen, nativistischen und natalistischen Gruppen, das zweimal im Jahr Politiker, Kirchenführer und sogenannte Experten zusammenbringt. Der Gipfel war für den ungarischen Ministerpräsidenten Viktor Orbán Anlass, „die Bedeutung von ‚familienfreundlichen, konservativen Kräften'" in Europa zu betonen und Ungarn als „Inkubator für konservative Politik, einen Ort, an dem die konservative Politik der Zukunft, praktikable Lösungen und zukunftsweisende Initiativen entwickelt werden", zu präsentieren.[4]

2 Sara Garbagnoli & Massimo Prearo (2017). *La croisade "anti-genre". Du Vatican au Manif pour Tous.* Paris: Éditions Textuel.
3 European Parliamentary Forum on Population and Development (2018). *"Restoring the Natural Order: The religious extremists' vision to mobilize European societies against human rights on sexuality and reproduction."* Donnerstag, 19. April 2018. Abrufbar unter <https://bitly.ws/ZPNX>.
4 Euronews (2023). "Budapest demographic summit champions 'traditional family values'". *Euronews.* 16. September 2023. Abrufbar unter <https://bitly.ws/ZPRP>.

Diese transnationalen Netzwerke sind mächtig und effizient. Als Teil der extremen Rechten sind sie nicht nur europäisch, sondern global. „Das Europäische Zentrum für Recht und Gerechtigkeit (ECLJ), das von Grégor Puppinck geleitet wird, hat sich auf nationaler und europäischer Ebene sowie im Europarat und in den Gremien der Vereinten Nationen in Genf aktiv für die Gleichstellung von Mann und Frau eingesetzt, u. a. bei den homophoben Protesten von La Manif Pour Tous (LMPT) in Frankreich im Jahr 2013, unter anderem als juristische Anlaufstelle für die Anti-Abtreibungs-EGI ‚One of Us' und eine führende Rolle bei den Gipfeltreffen der Agenda Europe übernahm."[5]

Die ECLJ setzt sich nach eigenen Angaben vor allem für den Schutz des menschlichen Lebens von der Empfängnis an, gegen Euthanasie, für die traditionelle Ehe, für das Recht auf Kriegsdienstverweigerung aus Gewissensgründen und für die Glaubensfreiheit sowie für die Verteidigung der Christen in Europa und weltweit ein. Der Bericht hebt auch die führende Rolle Russlands in der internationalen Anti-Gender-Bewegung hervor, mit finanziellen Verbindungen zwischen russischen und westlichen Anti-Gender-Akteuren, von Organisationen der Zivilgesellschaft bis hin zu Parlamentariern und Ministern. Die vom russischen Oligarchen Wladimir Jakunin gegründete Stiftung St. Andreas der Erstberufene hat beispielsweise europäische Politiker wie den ehemaligen französischen Europaabgeordneten Aymeric Chauprade und die ehemalige Vize-Sprecherin des griechischen Parlaments Maria Kollia-Tsaroucha unterstützt.

EIN UMFASSENDER ANGRIFF

Über Angriffe auf reproduktive Rechte hinaus wird in ganz Europa eine breitere Kampagne gegen Rechte geführt. Ein Bericht aus dem Jahr 2023 der Jean-Jaurès-Stiftung und der NGO Equipop fasst die politische Agenda der Anti-Rechte-Bewegung als den Versuch zusammen, den rechtlichen und gesellschaftlichen Status quo in einer Weise zu verändern, die den grundlegenden europäischen Rechten widerspricht. „Die Anti-Rechte-Bewegungen versuchen, ihre reaktionäre Vision zu erweitern und weiter durchzusetzen, um die sexuellen und reproduktiven Rechte zurückzudrehen. Sie zielen auch auf LGBTQIA+-Rechte ab und in ähnlicher Weise auf die Istanbul-Konvention, das stärkste rechtliche Instrument für Frauenrechte im Bereich der sexuellen und geschlechtsspezifischen Gewalt, insbesondere der häuslichen und intrafamiliären Gewalt," erklärt der Bericht.[6]

5 European Parliamentary Forum for Sexual and Reproductive Rights (2021). *"Tip of the iceberg: Religious extremist funders against human rights for sexuality and reproductive health in Europe 2009-2018"*. Dienstag, 15. Juni 2021. Abrufbar unter <https://www.epfweb.org/node/837>.

6 Equipop and Foundation Jean Jaurès (2023). "*Women's rights: fighting the backlash. What role for France?*". Abrufbar unter <https://bitly.ws/ZQ8X>.

TROTZ DER OFT WIDRIGEN POLITISCHEN UND GESELLSCHAFTLICHEN KONTEXTE GIBT ES WEITERHIN HOFFNUNG

Der Bericht argumentiert außerdem, dass Anti-Rechte-Bewegungen weltweit die Strategien feministischer Organisationen eng nachahmen, „wie zum Beispiel die Festlegung eines Handlungsplans als Antwort auf den feministischen Diskurs, die Beschaffung von Finanzmitteln durch Stiftungen und Regierungen, die Unterzeichnung gemeinsamer Erklärungen und Erklärungen".

Die Stärke dieser konservativen Netzwerke und Strategien, die sich gegen feministische Bewegungen stellen – insbesondere diejenigen, die ein inklusives und offenes Verständnis von Feminismus befürworten, das die Rechte von Transgender-Personen und einen intersektionalen Ansatz unterstützt – wirkt sich auf Einzelpersonen aus, die sich für Frauenrechte einsetzen. Ob durch maskulinistische Bewegungen, die Cyberangriffe koordinieren, Mikrobewegungen, die feministische Demonstrationen infiltrieren, um sie zu diskreditieren (wie das Collectif Némésis in Frankreich), oder politischere und juristischere Formen, Frauenstimmen zum Schweigen zu bringen, wie die niedrige Quote der Verurteilungen wegen Vergewaltigung[7], dieser Rückschlag fordert seinen Tribut von der feministischen Bewegung.

Der Begriff „Rückschlag" ist umstritten, aber ich glaube, dass er die Gewalt und Stärke der Bewegungen, die sich dem Fortschritt in Richtung Geschlechtergleichstellung widersetzen, sowie die Auswirkungen auf feministische Bewegungen vermittelt. Burnout ist ein weit verbreitetes Problem in der Aktivismuswelt, für das Feministinnen besonders anfällig sind, vor allem, weil Frauenbewegungen stark unterfinanziert sind. Die meisten sind vollständig auf ehrenamtliche Arbeit angewiesen, und einzelne Aktivistinnen sind oft gewaltsamen Angriffen und Bedrohungen ausgesetzt, sowohl online als auch offline.

7 Nach Angaben des Nationalen Institut für Statistik und Wirtschaftsstudien Frankreichs führte im Jahr 2020 nur 0,6 Prozent der gemeldeten Vergewaltigungen oder versuchten Vergewaltigungen zu einer Verurteilung.

FORTSCHRITT IN EINEM LAND STIMULIERT FEMINISTISCHE BEWEGUNGEN ÜBER DIE GRENZEN HINWEG

GRÜNDE FÜR HOFFNUNG

Trotz der oft widrigen politischen und gesellschaftlichen Kontexte gibt es weiterhin Hoffnung. Herzerwärmende Erfolgsgeschichten zeigen, dass die gesellschaftliche Sichtweise auf Frauenrechte nicht unbedingt den Wegen folgt, die von den konservativsten politischen Kräften in Europa vorgegeben werden.

Einer der wichtigsten Triumphe der letzten Jahrzehnte war das Referendum über Abtreibung in Irland im Jahr 2018, bei dem fast 70 Prozent für die Legalisierung stimmten – erreicht in einem tief katholischen Land, das zuvor alle Formen der Abtreibung verboten hatte. Laut einer Umfrage von Ipsos MRBI stimmten 87 Prozent der 18- bis 24-Jährigen und 83 Prozent der 25- bis 34-Jährigen für die Legalisierung der Abtreibung, während 60 Prozent der über 65-Jährigen dagegen stimmten. Dies könnte ein Zeichen für eine breitere gesellschaftliche Entwicklung in Bezug auf Geschlechterrollen und reproduktive Rechte sein.

Die Stärke der feministischen Mobilisierung gegen das Abtreibungsverbot in Polen ist ein weiteres auffälliges Beispiel. Im Jahr 2016 gingen mehr als 100.000 Frauen bei den „schwarzen Protesten" auf die Straße. Die Bewegung wuchs zum Frauenstreik im Jahr 2020, als die Regierung vorschlug, die restriktivste Gesetzgebung zu Abtreibungen in Europa voranzutreiben. Die Auswirkungen der Proteste erreichten später das Parlament, als die konservative Partei Recht und Gerechtigkeit (PiS) im Oktober 2023 ihre Mehrheit verlor. In ihrer Pressemitteilung nach der Wahl beschreibt der „Women's Strike" dies als „die größten Proteste seit dem Fall des Kommunismus in Polen" – 100 Tage in über 600 Städten. Diesmal war es die junge Generation, die auf die Straßen ging, denn jede dritte Person im Alter zwischen 18 und 29 beteiligte sich an den Protesten". Wie in der Pressemitteilung extra angesprochen wird, war es entscheidend, dass Frauen und junge Menschen zur Wahl gingen: Die Wahlbeteiligung der Frauen erreichte einen Rekordwert von 73,2 Prozent (12 Prozent höher als bei der vorherigen Wahl) und die Wahlbeteiligung der jungen Menschen lag bei 68,8 Prozent (über 22 Prozent höher als bei der vorherigen Wahl).

Positive Veränderungen kamen auch aus den Regierungen selbst. In der heutigen europäischen politischen Landschaft setzt Spanien in Sachen Frauenrechte Maßstäbe. Seit 2017 hat das Land in den Kampf gegen geschlechtsspezifische Gewalt investiert. Die ehemalige Gleichstellungsministerin Irene Montero hat Gesetze verabschiedet, die unter anderem die Einführung von Menstruationsurlaub für Frauen, kostenlose Hygieneprodukte und verpflichtenden Sexualkundeunterricht in Schulen umfassen, Änderungen im Bereich der Zustimmung mit dem „Nur Ja heißt Ja"-Gesetz von 2022 (das besagt, dass Zustimmung ausgedrückt werden muss und jede nicht einvernehmliche sexuelle Handlung Vergewaltigung ist) sowie Gesetze zur Ausweitung der Abtreibungs- und Transgenderrechte für Teenager im Jahr 2023.

Die Mobilisierung der spanischen Frauenfußballmannschaft (und der Gesellschaft insgesamt) nach dem erzwungenen Kuss einer Spielerin auf den Mund während der Feier ihres Weltmeisterschaftssiegs im Sommer zeigt, dass diese Gesetze die Debatte verändert haben, auch wenn die Versuche, diese Veränderungen zu ignorieren, stark waren.

Fortschritte in einem Land – insbesondere, wenn dieses Land als katholisch und konservativ wahrgenommen wird, wie Irland oder Spanien – stimulieren feministische Bewegungen über die Grenzen hinweg. Feministische Bewegungen sind von Natur aus transnational und stärken sich gegenseitig. Internationale Solidarität hat Proteste auf der ganzen Welt befeuert, wie die polnischen Schwarzen Proteste seit 2016, die iranischen Frauenbewegungen und die argentinische Bewegung gegen geschlechtsspezifische Gewalt Ni Una Menos, die 2015 begann und sich seitdem auf Länder wie Spanien und Italien ausgeweitet hat.

Feministische Bewegungen haben sich Werkzeuge angeeignet, um Ungerechtigkeiten anzuprangern und ihre Stimmen über Grenzen hinweg zu erheben: von den nationalen Versionen von #MeToo und der weltweiten Verbreitung des chilenischen Liedes *Un violador en tu camino* („Ein Vergewaltiger auf deinem Weg", auch bekannt als „Der Vergewaltiger bist du") bis zu den feministischen Collagen, die Femizide in Städten auf der ganzen Welt anprangern.

In Europa gibt es zahlreiche Räume für Vernetzung und Austausch. Zwischen 2007 und 2012 betrieben acht verschiedene feministische Netzwerke das European Feminist Forum (EFF), einen webbasierten Dialograum. Heute gibt es viele Möglichkeiten für Begegnungen und gemeinsame Arbeit, von feministischen Festivals wie der City of Women in Slowenien, dem Femi Festival in Dänemark, dem Fem Fest in den Niederlanden und WeToo in Frankreich bis hin zu politischen Organisationen wie den feministischen Foren der progressiven Gruppen im EU-Parlament und Plänen für ein persönliches European Feminist Forum durch das WIDE+ Netzwerk.

Da feministische Bewegungen oft mit der Zeit von Freiwilligen und mit begrenzten Mitteln agieren, bleibt es eine Herausforderung, die Ressourcen zu mobilisieren, um starke, dauerhafte transnationale Netzwerke aufzubauen – besonders wenn lokale und nationale Tätigkeiten die Aktivisten und Organisationen bereits an ihre Grenzen bringen.

Diejenigen, die daran arbeiten, ein feministisches Europa zu schaffen, gesellschaftliche Veränderungen herbeizuführen und neue Wege zu ebnen, sollten nicht allein gelassen werden, um sich den effizienten und gut finanzierten nationalistischen sowie extrem rechten Bewegungen zu stellen. Feministische Bewegungen sind ein Raum der Unterstützung und der Kreation und oft auch der Freude und Freiheit. Um ernsthafte soziale Veränderungen zu bewirken, benötigen sie Finanzierung, aber auch starke Unterstützung und Allianzen aus den politischen Parteien sowie auf lokaler, nationaler und europäischer Ebene.

Ein kleiner Schritt in Richtung eines feministischen Europas wäre es, die bei den kommenden EU-Parlamentswahlen Gewählten an ihre Versprechen zu erinnern, Verbündete des Feminismus zu sein. Eine transnationale feministische Bewegung sollte in der Lage sein, eine feministische Haltung in allen prioritären Bereichen der EU zu entwickeln, zu fördern und zu verteidigen: vom Europäischen Green Deal bis zur Europäischen Säule sozialer Rechte, von der Energie- und Wohnungspolitik bis zu Innovation und Wissenschaft, und die am stärksten von Armut und Diskriminierung Bedrohten zu unterstützen. Die Organisation eines Europäischen Feministischen Forums, das einen Raum für transnationale Organisation und für Analysen sowie Vorschläge zu EU-Politikbereichen bietet, könnte ein erster Schritt sein.

Der französische Dokumentarfilm „*We Are Coming*„ aus dem Jahr 2022 folgt einer Gruppe junger Frauen auf ihrem Weg, Feministinnen zu werden und nach ihren Überzeugungen zu handeln. Er zeigt einige der Stärken, auf die feministische Bewegungen aufbauen können, zu einer Zeit, in der das Interesse am Feminismus neu entfacht wurde: persönliche und kollektive Reisen, die in der Forschung verwurzelt sind, Diskussionen über praktische Alltagsfragen, das Teilen von Frustration und Verzweiflung, aber auch Freude, Spaß und Unterstützung, Austausch mit anderen in einem sicheren Umfeld, und die Zusammenarbeit mit anderen Bewegungen. Im Traum von einem feministischen Europa würde man auf solche Energien bauen und ihnen Raum geben, unsere Gesellschaften in Richtung mehr Offenheit, Experimentierfreude, Respekt und Freiheit zu transformieren und so besser gegen die anti-liberalen Kräfte vorzugehen, die die Grundlagen unserer Rechte und Demokratien angreifen.

SÉGOLÈNE PRUVOT
ist die Direktorin von European Alternatives. Sie hat einen Doktortitel in Urbaner Soziologie mit einer Spezialisierung auf der Erforschung der Schnittstelle zwischen Kunst, der Stadt und sozialem Wandel. Ségolène verfügt über umfangreiche Erfahrung in der Gestaltung und Umsetzung transnationaler partizipativer Kulturprogramme und -forschung und war die Koordinatorin des Projekts „Room to Bloom".

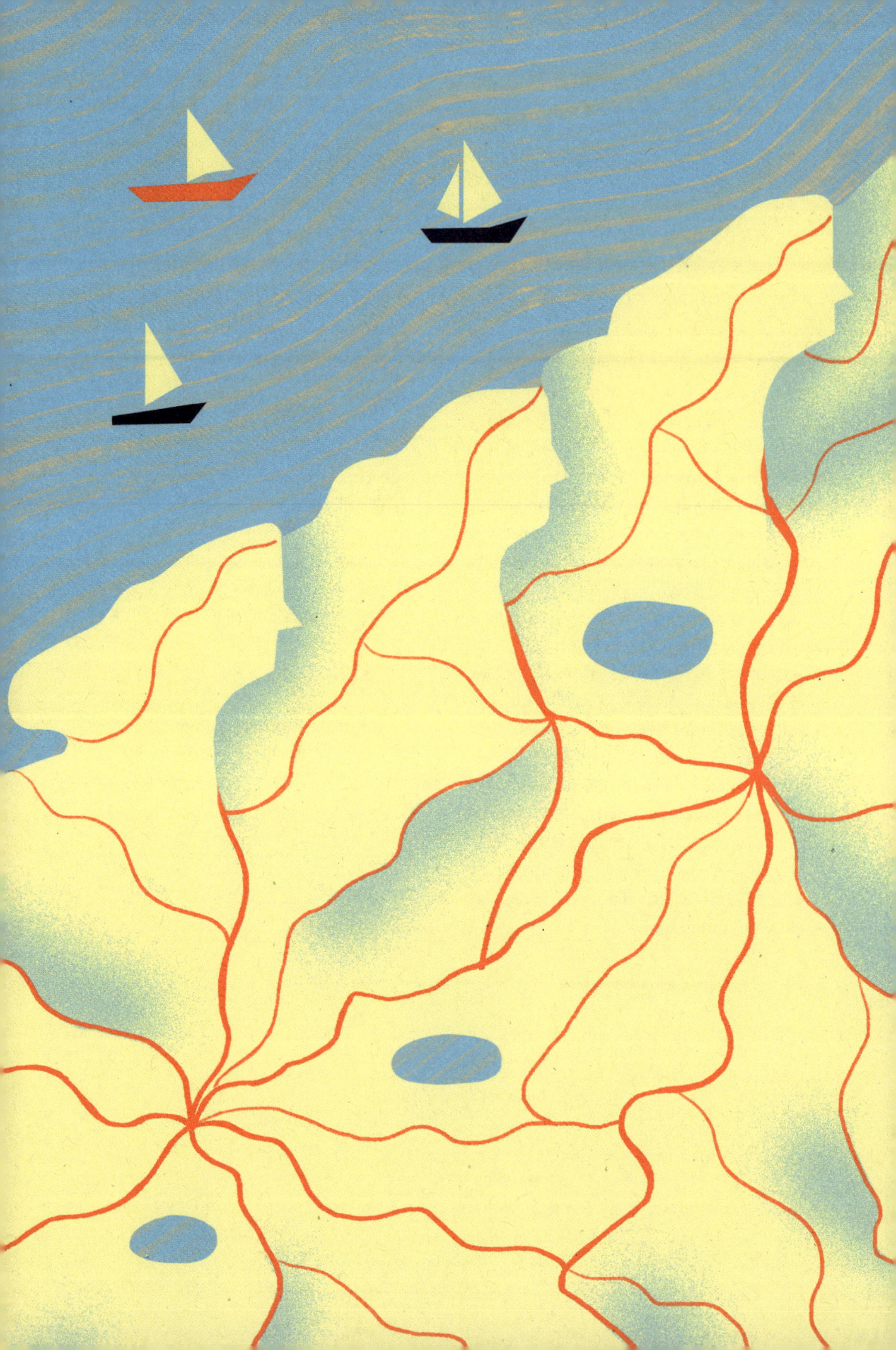

EWIGE MIGRANTEN?
DIE ZUGEHÖRIGKEIT DER ROMA ZU EUROPA

ARTIKEL VON
LUIZA MEDELEANU

Trotz ihrer langen Geschichte in Europa und ihres Status als größte ethnische Minderheit werden Roma weiterhin als „ewige Fremde" wahrgenommen und haben Gewalt, Marginalisierung und Ausschluss erlitten. Ein echtes Zugehörigkeitsgefühl für die Roma in Europa kann nur auf der Anerkennung der bestehenden Machtverhältnisse basieren.

Obwohl die Roma seit mindestens dem 11. Jahrhundert[1] in Europa sind, werden sie oft als ewige Migranten oder „Fremde" angesehen, wie der deutsche Soziologe Georg Simmel es beschreibt.[2] Sie leben neben uns, doch wir kennen sie nicht wirklich; sie sind gleichzeitig nah und fern. Und was wir zu wissen glauben – aus Medienberichten und flüchtigen Begegnungen – sind oft nicht mehr als Stereotype und Vorurteile.

In seinem Artikel aus dem Jahr 2012 „Europa erfindet die Zigeuner: Eine Geschichte von Faszination und Verachtung" argumentiert der Literaturwissenschaftler Klaus-Michael Bogdal, dass, da die Roma ihre eigene Geschichte nicht niederschreiben konnten und sie vielmehr von anderen geschrieben wurde – deren Wahrnehmungen die Erzählung stark prägten. Er ist der Meinung, dass die Roma eine moderne, europäische Erfindung sind und das Bild, das sie repräsentiert, verzerrt ist. In seinem Buch „*Roma in Europe*" von 2007 stellt der Soziologe und Roma-Experte Jean-Pierre Liégeois fest, dass die Einstellungen gegenüber den Roma durch ein Maß an „romantischer Sympathie" definiert

1 Gheorghe Sarău (1997). *Rromii, India şi Limba Rromani,* Bucureşti: Editura Kriterion, p. 26.
2 Georg Simmel (1908). *Soziologie: Untersuchungen über die Formen der Vergesellschaftung.* Leipzig: Duncker & Humblot, p. 1.

werden können, aber die negativsten Stereotype wiederbelebt werden, sobald soziale Spannungen auftreten. Verbreitete Überzeugungen über Roma-Gemeinschaften können ebenso verzerrt sein. Die Ansicht, dass die Roma einen nomadischen oder halbnomadischen Lebensstil führen, ist oft unbegründet, da viele Roma inzwischen tatsächlich sesshaft sind, während die Behauptungen, die Roma-Kultur mit einer allgemeinen Missachtung von Regeln zu verknüpfen, der Tatsache widersprechen, dass das Leben der Roma durch komplexe soziale Verhaltensnormen geregelt wird.

ANDERES UND SUBVERSION

Um das Fehlen der Zugehörigkeit der Roma zu den nicht-Roma-Gesellschaften, mit denen sie leben, zu erklären, identifiziert der rumänische Kultur Anthropologe Vintilă Mihăilescu drei Elemente der „Roma-Bedingung". Das erste ist die Beziehung der Roma zum Land. Mihăilescu stellt fest, dass es keine Beispiele für signifikante Zahlen von Roma gibt, die Bauern oder Landwirte geworden sind, bei welchen ihre Wurzeln und Ressourcen vom Land abhängen würden. Dies führte dazu, dass die Roma von den Anwohnern als „absolutes Anderes"wahrgenommen wurden. Mihăilescu stellt in den Raum, dass die Mobilität der Roma tatsächlich durch die Suche nach Existenzgrundlagen getrieben wurde. Darüber hinaus verweist er auf die Zeit der Versklavung der Roma auf dem Gebiet des heutigen Rumänien (nachfolgend detaillierter erörtert), als die meisten Roma ein sesshaftes Leben führten, und postuliert, dass der Nomadismus von den „Gastgesellschaften" erfunden wurde und als ausdrücklicher oder stillschweigender Betreiber sozialer Kategorisierung und Stigmatisierung fungierte.

Das nächste Element der „Roma-Bedingung" ist ihre Beziehung zum Raum. Der Raum im allgemeinen und das Land im Besonderen bieten den Roma kein Gefühl von Identifikation oder Zugehörigkeit. Da sie sich nicht einem „Kult des Territoriums" unterwerfen, haben die Roma keine Skrupel, die Interessen anderer an deren Eigentum zu verletzen, und sind deshalb bereit, sich auf jedem verfügbaren Land niederzulassen. Da ihnen Land entzogen wurde und sie kein Interesse daran haben, beziehen sich die Roma auf eine andere Kategorie von Ressourcen – nämlich auf ihr eigenes Handwerk, mit dem sie ihren Lebensunterhalt bestreiten. Mihăilescu merkt an, dass dies die Roma oft zu einem integralen Bestandteil ihrer „Gastgesellschaften" und ihrer wirtschaftlichen Funktionsweise machte – was bedeutet, dass die soziale Inklusion der Roma viel tiefer war, als allgemein angenommen wird.

Das dritte Element der „Roma-Bedingung" ist ihre Beziehung zu Eigentum. Abgesehen von seltenen Ausnahmen neigten die Roma nicht dazu, signifikanten Besitz anzuhäufen; ihre wertvollsten Besitztümer wurden normalerweise mit dem Wagen transportiert. Daher war

DIE ABSCHAFFUNG DER SKLAVEREI WAR DAS WICHTIGSTE GESELLSCHAFTLICHE EREIGNIS IN DER MODERNEN GESCHICHTE RUMÄNIENS

ihre wirtschaftliche Tätigkeit überwiegend auf das Überleben ausgerichtet, nicht auf Wachstum. Dies führte zur Vorstellung von den Roma als einer „Wirtschaft des Abfalls", was erheblich zur Reproduktion ihres marginalen Status beitrug.

Interessanterweise ist Mihăilescu der Auffassung, dass diese drei Elemente – ein Mangel an Bindung an einen Ort, ein Mangel an Eigentum und die Ausübung einer Dienstleistungswirtschaft, die auf einer peripatetischen Basis je nach Verfügbarkeit von Chancen angeboten wird – eine Art Umkehr-Ritual erleichtern, das durch die Darstellung eines Spiegelbildes der nicht-Roma-Gesellschaft die explizite Dominanz der Gastgesellschaften auf den Kopf stellt und die Subversion des Status quo erlaubt.

SKLAVEREI, EMANZIPATION UND MIGRATION NACH WESTEN

Laut dem Experten für Minderheiten und marginalisierte Gemeinschaften Aidan McGarry[3] wird bei der Konstruktion von Mainstream-Identität in der Regel eine Außenseiter-Person – eine Person, die nicht dazugehört – als Gegenstück bestimmt. Ein sozialer Raum wird konstruiert, und diejenigen, die als nicht zugehörig angesehen werden, werden sowohl physisch als auch konzeptionell aus ihm ausgeschlossen. In Europa werden Roma sowohl physisch als auch konzeptionell außerhalb des Raums platziert, der den Nicht-Roma gehört, und als Bedrohung für die Europäer interpretiert.

Das eklatanteste Beispiel für einen Ausschluss ist die Versklavung der Roma auf dem Gebiet des heutigen Rumänien von mindestens 1385 bis 1856. Dies stellte die Roma nicht nur außerhalb der Gesellschaft; es schloss sie aus der Kategorie des Menschlichen aus. Sklaven waren wie Dinge: sie konnten gekauft und verkauft, geschenkt, vererbt, mit

3 Aidan McGarry (2017). *Romaphobia: The Last Acceptable Form of Racism.* London: Zed Books.

einer Mitgift versehen und anstelle von Schulden gegeben werden. Ähnlich wie in den USA boten die beiden rumänischen Fürstentümer nach der Abschaffung der Roma-Sklaverei in 1855-1856 den Eigentümern Entschädigungen für die erlittenen wirtschaftlichen Verluste, jedoch nicht den Sklaven selbst.

Der Romahistoriker Petre Petcuţ[4] erklärt, dass die Abschaffung der Sklaverei das wichtigste gesellschaftliche Ereignis in der modernen Geschichte Rumäniens war. Es löste zwei langanhaltende Phänomene aus: staatliche Versuche, diese neuen Bürger zu integrieren/zu assimilieren – die noch immer nicht abgeschlossen sind – und dramatische Ungleichheit zwischen den Emanzipierten und dem Rest der Bevölkerung. Die oberflächliche Politik der Abolitionisten, die angeblich darauf abzielten, ehemalige Sklaven in die Gesellschaft zu integrieren, schufen stattdessen eine eigene Bürgergruppe. Viele Menschen wurden einfach auf die Straße geworfen und gezwungen, zu Landstreichern zu werden, Bevölkerungen wurden vertrieben und ganze Gruppen wurden staatenlos.

Ehemalige Sklaven wurden vom Landbesitz ausgeschlossen, was es ihnen erschwerte, sich dauerhaft niederzulassen und einen Platz in der rumänischen Gesellschaft zu finden. Petcuţ nennt das Beispiel eines emanzipierten Schmieds, der der einzige Einwohner eines Dorfes war, dem kein Land zugewiesen wurde. Infolgedessen war er nicht in der Lage, das Einkommen seiner Familie durch Landwirtschaft zu ergänzen; höchstens konnten er und seine Familie als Tagelöhner arbeiten. Die Nachkommen dieser Familie, die ebenfalls landlos waren, waren gezwungen, im Familienberuf zu bleiben. Durch diese Art von Politik bleiben die Roma in einer Art sozialer Peripherie am Rande der rumänischen ländlichen Gesellschaft.

Ein weiteres wichtiges Phänomen, das durch die Emanzipation der Roma ausgelöst wurde, war eine Migrationswelle von hauptsächlich nomadischen Roma nach Westeuropa. Aufgrund mangelnder Kenntnisse von Roma-Kultur und -Praktiken wurden diese Nomaden zum Ziel permanenter Druckausübung, verdächtigt, Straftaten zu begehen oder illegal zu sein. Die Vermischung von Nomaden und Delinquenten durch die öffentlichen Behörden und in der öffentlichen Meinung wurde in den Ländern Europas immer häufiger – die Roma wurden beschuldigt, Dörfer auszurauben, unbefugt Grundstücke zu betreten und Kinder zu entführen – und besteht auch weiterhin.

Petre Petcuţ[5] beschreibt die Figur des „bedrohlichen, nomadischen Zigeuners“, der zu einem

4 Petre Petcuţ (2015). *Rromii: Sclavie şi libertate: Construirea şi emanciparea unei noi categorii etnice şi sociale la nord de Dunăre.* Bucureşti: Centrul Naţional de Cultură a Romilor, p. 10.

5 Petre Petcuţ (2022). “Regimul administrativ al nomazilor în România şi în Franţa. 1856-1938”, in Adrian-Nicolae Furtună (ed.). *Culegere de Studii Rome.* Bucureşti: Editura Centrului de Cultură a Romilor, pp. 166-209.

DER ROMA-VÖLKERMORD WIRD IN DER ÖFFENTLICHEN DISKUSSION SELTEN ERWÄHNT UND WURDE BISLANG NICHT AUSREICHEND UNTERSUCHT

unbestimmten Bild in einer Welt wird, die von politischer Gewalt und Rassismus dominiert wird, wo Legenden und Ungeheuer aufeinandertreffen. Er betont, dass die Darstellung des „nomadischen Zigeuners", der stiehlt, Kinder entführt oder sogar vergewaltigt und mordet, das Ergebnis des populären kulturellen Konsums ist und keine echte Gefahr für die Mehrheit der Gemeinschaft darstellt, und hebt hervor, dass die Bewegungsfreiheit der Roma hauptsächlich mit der Ausübung ihres Berufs oder Handwerks verbunden ist.

KONTROLLSYSTEME, VERTREIBUNG UND GENOZID

Zu Beginn des 20. Jahrhunderts wurde die Mobilität der Roma zu einem internationalen Thema in Europa. Nationalismus und Fremdenfeindlichkeit begannen, die Mobilitätsparameter der Roma-Gruppen zu beeinflussen. Die gegenseitigen Ausweisungen, die zwischen Frankreich und Belgien, Frankreich und der Schweiz sowie Frankreich und Italien stattfanden, demonstrierten das Ausmaß einer Roma-feindlichen Stimmung und waren begleitet von der Entwicklung eines noch rigideren Systems der Überwachung und Kontrolle nomadischer Roma-Gruppen. Die Schweiz schlug die Einrichtung einer Kommission mit supranationalen Befugnissen vor, die auf europäischer Ebene für das „Zigeunerproblem" zuständig sein sollte, doch diese Initiative scheiterte – vor allem an Italiens, das die Roma als ausschließlich zu den Staaten Mitteleuropas und des Balkans gehörend betrachtete, sowie wegen der Weigerung anderer Staaten, die Roma zu „nationalisieren", während sie sich in einem Strudel aus Nationalismus und Angst gegenüber Ausländern befanden.[6]

Nach Ausbruch des Zweiten Weltkriegs verschlechterte sich die Situation deutlich. 1940 begann die deutsche Polizei, Roma aus dem nationalsozialistischen Deutschland und Österreich in das von Deutschland besetzte Polen zu deportieren – vorwiegend nach Auschwitz-Birkenau,

6 Ibid, S.188.

wo im Februar 1943 ein „*Zigeunerfamilienlager*" eingerichtet wurde. Bis Ende 1943 lebten 18.736 Roma in dem Lager, von denen etwa 9.500 unter 15 Jahre alt waren. Fast 400 Kinder wurden dort geboren.[7]

Insgesamt sollen etwa 21.000 Roma aus 12 Ländern in Auschwitz-Birkenau ermordet worden sein. Ein ähnliches Schicksal erlitten Roma in anderen Konzentrationslagern. Viele weitere waren Opfer der sogenannten *Einsatzgruppen* – paramilitärischer Todesschwadronen, die sowohl einzelne Juden als auch Roma sowie ganze Gemeinschaften exekutierten. Die genaue Zahl der Roma, die auf diese Weise getötet wurden, ist nicht bekannt, doch es wird geschätzt, dass es 180 Massengräber in der Ukraine, Weißrussland, dem ehemaligen Jugoslawien und Polen gibt.[8] Wissenschaftler wie Angus Frazer, Jean-Pierre Liégeois und Ian Hancock schätzen, dass mindestens eine halbe Million Roma aus ganz Europa während dessen, was als „Roma-Holocaust" bekannt wurde, ums Leben kamen.

Am 15. April 2015 verabschiedete das Europäische Parlament eine Resolution, die den Völkermord an den Roma anerkennt und den 2. August zum europäischen Roma-Holocaust Gedenktag erklärt. Das Datum wurde zum Gedenken an das Massaker an den fast 3000 Roma-Männern, -Frauen und -Kindern gewählt, die in der Nacht des 2. August 1944 im Zigeunerfamilienlager verblieben waren und dort von SS-Truppen festgehalten wurden. (Laut einigen Quellen lag die Zahl der Todesopfer bei über 4000.) Dennoch war der Weg zur Anerkennung nicht einfach: Die Roma mussten kämpfen, als Opfer des Holocaust anerkannt zu werden. Sie wurden von den Nürnberger Prozessen ausgeschlossen, da ihre Verfolgung auf sozialen nicht aber auf rassischen Kriterien beruhte, wie es bei Juden der Fall war.

7 Sławomir Kapralski, Maria Martyniak & Joanna Talewicz-Kwiatkowska (2011). *Voices of Memory 7: Roma in Auschwitz*. Auschwitz-Birkenau State Museum.
8 Ibid.

DER BISHERIGE EINFLUSS ÖFFENTLICHER POLITISCHER KONZEPTE FÜR ROMA IN DER EUROPÄISCHEN GESELLSCHAFT WAR BEGRENZT

Am Karfreitag 1980 unternahmen Roma-Rechtsaktivisten unter der Leitung von Romani Rose – dem Vorsitzenden des Zentralrats der deutschen Sinti und Roma seit dessen Gründung – einen verzweifelten Versuch, den deutschen Staat zur Anerkennung der Verfolgung der Roma aufgrund rassischer Gründe zu bewegen, und traten in den Hungerstreik. Dank ihrer Bemühungen erkannte Kanzler Helmut Schmidt offiziell an und betonte die Verpflichtung zur Entschädigung der Opfer. Roma-Opfer des Holocaust erhalten seit Mitte der 80ger Jahre, Entschädigungszahlungen.[9]

Trotz dieser Bemühungen wird der Roma-Völkermord in der öffentlichen Diskussion selten erwähnt und nicht ausreichend untersucht. Forscher auf diesem Gebiet konzentrieren sich hauptsächlich auf die administrativen und organisatorischen Aspekte und heben die Rolle der lokalen Behörden bei der Kategorisierung und Deportation von Roma hervor und legen weniger Wert auf die Gedanken, die dieser europaweiten ethnischen Säuberungskampagne zugrunde lagen.

ROMAPHOBIE IM HEUTIGEN EUROPA

Romaphobie ist in Europa nach wie vor weit verbreitet, wobei Roma massenhaft als Kriminelle stigmatisiert werden. In Frankreich beispielsweise beschloss die Regierung im Sommer 2010, Roma-Migranten, die die Staatsangehörigkeit anderer EU-Länder hatten, zu deportieren – manchmal unter Zwang. Diese Kampagne wurde von anti-Roma-Rhetorik begleitet, wobei die gesamte Roma-Gemeinschaft kriminellen Verhaltens beschuldigt wurde. Ein weiteres Beispiel ist die bedauerliche Wortwahl, die von einigen Kandidaten bei den italienischen Wahlen 2008 verwendet wurde, was zu hässlichen Vorfällen von Gewalt gegen Roma und ihre Lager führte. Gleiches gilt für den Mord an sechs Roma, darunter ein 5-jähriges Kind, in Ungarn, der in einer von Hassrede angeheizten Atmosphäre stattfand.

9 „Bürgerrechtsbewegung der Sinti und Roma". Zenralrat Deutscher Sinti und Roma. Abrufbar auf <https://bitly.ws/32cgE>.

Die Roma sind die Außenseiter geblieben, die Sündenböcke Europas, die in Krisenzeiten beschuldigt werden, wenn niemand bereit ist, die Verantwortung für die Situation zu übernehmen. Das jüngste Beispiel ist die Corona-Pandemie, in deren Verlauf Hassreden und Aufstachelung zum Hass gegen die Roma – und sogar Gewalttaten gegen sie – merklich zunahmen.

Die Geschichte der Roma im europäischen Raum ist eine Geschichte von Gewalt, Marginalisierung und Ausschluss. Sie wurden als minderwertig angesehen und ausgebeutet. Im Laufe der Jahrhunderte entwickelten sich eine ganze Reihe von Bildern, die kollektive Stereotype kristallisierten, ohne die Machtverhältnisse zu berücksichtigen, die zwischen Roma und Nicht-Roma entstanden.

POLITIKINITIATIVEN UND MACHTVERHÄLTNISSE

Um den Status der Roma zu verbessern und ihnen gleiche Rechte als europäische Bürger zu gewähren, wurden in den letzten 25 Jahren zahlreiche politische Initiativen ins Leben gerufen. Die vielversprechendsten Initiativen waren die nationalen Strategien für die Roma, die von den Regierungen der Beitrittskandidaten für die Europäische Union in Mittel- und Osteuropa entwickelt wurden, das Jahrzehnt der Roma-Inklusion 2005-2015, das von der Weltbank und dem Open Society Institute initiiert wurde, sowie der strategische Rahmen der EU für Roma in Bezug auf Gleichheit, Inklusion und Partizipation. Letzterer wurde am 7. Oktober 2020 konsolidiert und reformiert. Im Vergleich zum vorherigen Rahmen, der sich auf die sozioökonomische Integration der Roma konzentrierte, ohne ihre kulturelle Besonderheit zu berücksichtigen, wird damit ein komplexeren Ansatz für die Roma-Problematik auf europäischer Ebene geschaffen.

Entsprechend dieses neuen Rahmens sollten alle Roma die Möglichkeit haben, ihr volles Potenzial auszuschöpfen und sich am politischen, sozialen, wirtschaftlichen und kulturellen Leben zu beteiligen. Dieser neue Ansatz legt einen stärkeren Fokus auf die Vielfalt unter den Roma, um sicherzustellen, dass nationale Strategien auf die spezifischen Bedürfnisse unterschiedlicher Gruppen, einschließlich Roma-Frauen, junger Menschen, Kinder, mobiler EU-Bürger, staatenloser Personen, LGBTQIA+-Menschen sowie älterer und behinderter Roma, eingehen. Der europäische Rahmen fördert einen intersektionalen Ansatz, der berücksichtigt, wie verschiedene Identitätsaspekte kombiniert werden können, um Diskriminierung zu bekämpfen. Er legt auch mehr Wert auf Maßnahmen, die einen politikbezogenen Ansatz zur Thematik der Roma-Inklusion bieten, neben spezifischen Maßnahmen, die darauf abzielen, effektiven gleichberechtigten Zugang zu Rechten und Dienstleistungen für die Roma zu fördern.

Der bisherige Einfluss öffentlicher politischer Konzepte für Roma in der europäischen Gesellschaft war begrenzt. Einer der Gründe dafür, merkt der Roma-Experte Iulius Rostaşan, liegt darin, dass diese politischen Konzepte die entscheidende Bedeutung ethnischer Identität als wesentlichen Ursache für die soziale Ausgrenzung und Marginalisierung der Roma nicht ausreichend berücksichtigen. Um diese Diskrepanzen zu verringern und sicherzustellen, dass die öffentlichen politischen Konzepte bezüglich der Roma ihren Zweck erfüllen, müssen die historischen Machtverhältnisse zwischen Roma und Nicht-Roma sowie die Ausgrenzung der Roma berücksichtigt werden. Macht muss geteilt werden[10], sodass sie allen gleichermaßen gehört – auch den Roma. Nur so werden sie ein echtes Zugehörigkeitsgefühl zu Europa empfinden – als europäische Bürger mit all den damit verbundenen Rechten, nicht nur als die ältesten „Migranten aus Europa", die ewigen Fremden.

10 Iulius Rostaş (2020). *O muncă de sisif. De ce eşuează politicile europene pentru romi.* Bucureşti: Editura Centrului Romilor, p.VI.

LUIZA MEDELEANU beendet ihre Doktorarbeit in Kulturwissenschaften am Zentrum für Bildwissenschaften der Universität Bukarest und unterrichtet Romani-Kultur und -Literatur an der Fakultät für Fremdsprachen und Literaturen. Ihre Forschung konzentriert sich auf das Bild der Roma in Seifenopern.

EUROPAS ENTSCHEIDUNGEN KÖNNEN DAS KLIMA RETTEN ODER ZERSTÖREN

EIN INTERVIEW MIT
FRANÇOIS GEMENNE

Ein zunehmender Anteil der Emissionen wird außerhalb Europas entstehen. Während die EU derzeit darauf fokussiert ist, sich selbst zu dekarbonisieren, sollten ihre Ressourcen auch global eingesetzt werden. Vom dringenden Anpassungsbedarf bis hin zu einer Gegenreaktion auf den europäischen Green Deal ist das eigene Haus nicht vollständig in Ordnung. François Gemenne spricht darüber, wie die EU und ihre Grünen Parteien extern und intern einen Strategiewechsel vornehmen können.

GREEN EUROPEAN JOURNAL: Wie werden die Auswirkungen der Klimakrise Europa in den kommenden Jahrzehnten verändern?

FRANÇOIS GEMENNE: Das hängt in erster Linie von den Entscheidungen ab, die gerade jetzt in Kairo, Jakarta, Lagos, Mexico City und Delhi getroffen werden. Mindestens in der zweiten Hälfte dieses Jahrhunderts wird die Klimazukunft Europas nicht von dem abhängen, was Europa tut, sondern von dem Entwicklungsweg, den die Länder des globalen Südens einschlagen.

Das Problem ist, dass Europa heute zu sehr auf sich selbst fokussiert ist und nicht ausreichend auf die Entscheidungen, die in Kairo und Jakarta getroffen werden. Europäische Länder haben natürlich absolut kein Recht oder keine Legitimität, diesen Ländern zu sagen, wie sie sich entwickeln sollten. Wir können keinem Land sagen, es soll seine fossilen Brennstoffe im Boden lassen. Aber wir müssen viel enger mit ihnen zusammenarbeiten als wir es derzeit tun. Europas Priorität muss es sein, Investitionen in ihre Energieübergänge zu fördern und den Zugang zu kohlenstoffarmen Technologien weltweit zu erhöhen. Wenn wir das nicht tun, werden sie fossile Ressourcen anzapfen, und damit ihre Entwicklung vorantreiben.

Also muss Europa über einen globalen grünen Übergang nachdenken, anstatt sich als der „erste klimaneutrale Kontinent der Welt" zu rühmen, wie die EU-Kommission es getan hat?

Europa denkt, es wird im Klimawandel mit gutem Beispiel vorangehen, und alle anderen Länder der Welt werden folgen. Doch so funktioniert das nicht, insbesondere im aktuellen geopolitischen Kontext, in dem das europäische Modell nicht positiv gesehen wird. Viele Staaten – ich denke zum Beispiel an einige afrikanische Regierungen – betrachten erneuerbare Energien als Mittel für Europa, die Dominanz über die Länder des globalen Südens zu bekommen.

Sehr oft denken Europa und andere industrialisierte Länder, dass sie ihren Beitrag leisten sollten, und dass dieser Beitrag auf den Anteil an Treibhausgasemissionen begrenzt ist, den sie repräsentieren. Das ist ein Ansatz der niemals funktionieren wird. Bis 2030 wird Europa etwa 12 Prozent der Emissionen ausmachen. Bis 2050 werden es weniger als fünf Prozent sein. Es bringt nichts, wenn Europa zu einer dekarbonisierten Insel in einem Meer von Kohlenstoff wird. Wenn Europa nicht aufpasst, wird genau das passieren.

Es geht also nicht in erster Linie um Altruismus, sondern um das Interesse Europas, den Kampf gegen den Klimawandel voranzubringen. Welche Hebel stehen Europa dazu zur Verfügung?

Damit Entwicklungsländer einen anderen Entwicklungsweg einschlagen können, müssen wir ihnen einige Alternativen anbieten. Im Moment bleiben die Investitionen in kohlenstoffarme Energie im globalen Süden dramatisch niedrig. Europa sollte sich verpflichten, mit Ländern auf der ganzen Welt zusammenzuarbeiten, um diese Investitionen zu erhöhen.

Europa hat genügend Geld, Investoren, große Banken und Technologien: es hat die entsprechenden Hebel zur Verfügung. Das Problem ist, dass Europa darauf fokussiert ist, Klimatechnologien für sich selbst zu entwickeln. Das gleiche gilt für die der Kernenergie und die künstliche Intelligenz. Es reicht nicht aus, die europäischen Energiesysteme zu verbessern. Es ist entscheidend, diese Technologien weltweit verfügbar zu machen.

Inwieweit scharen sich Länder und globale Führungspersönlichkeiten um Klimafragen?

Die bloße Existenz der COP (der jährlichen globalen Klimakonferenz der Vereinten Nationen) und des Pariser Abkommens zeugt davon, dass Länder auf der ganzen Welt sich um ein globales Problem scharen, das einer kollektiver Lösungen bedarf. Alle Länder haben sich darauf geeinigt, etwas zu unternehmen, und sind eine formelle Verpflichtung dazu eingegangen, auch wenn sich das, was folgte, als unzureichend erwiesen hat. Unklar ist, wie sich die aktuellen geopolitischen Spaltungen auf die Klimaverhandlungen auswirken werden. Zur Zeit des Pariser Abkommens im Jahr 2015 war die globale Gemeinschaft weit weniger gespalten als heute. Ich bezweifle, dass das Pariser Abkommen heute erfolgreich ausgehandelt werden könnte.

Man kann sich darüber beschweren, dass die COPs zu schwerfällig und kostspielig sind oder dass sie zu viel Kohlendioxid ausstoßen und dass sie in Dubai, umgeben von Lobbyisten, abgehalten werden. Aber dieses Treffen bleibt ein kleines Wunder.

Wenn Europa seine Klimadiplomatie entwickeln will, sollte es mehr politische Energie in die COPs investieren oder sich auf andere kleinere Initiativen konzentrieren?

Bilaterale oder kleinere multilaterale Initiativen stehen nicht im Widerspruch zu den COPs. Allianzen zwischen Ländern, aber auch Unternehmen und zivilgesellschaftlichen Organisationen sind die effizientesten Wege, wie COPs vorankommen können. COPs sollten nicht nur anhand der Einigungen bewertet werden, die von Regierungen erzielt werden, sondern auch nach den anderen Initiativen, die gedeihen können. Hier kann Europa ein Beispiel setzen. Wenn die Europäische Union mit der Einführung des Euro bis zur Einstimmigkeit gewartet hätte, würden wir immer noch mit belgischen Franken bezahlen. Stattdessen war es eine kleinere Koalition von Ländern, die den Weg für den Euro ebnete, während andere schrittweise dazugekommen sind. Wir müssen den Pionieren erlauben, vorzupreschen, statt auf die Nachzügler zu warten.

Zurück zu den Auswirkungen des Klimas: Wie werden sie Europa ändern?

Extreme Wetterereignisse wie plötzliche Überschwemmungen, Dürreperioden und Hitzewellen werden an Häufigkeit und Intensität weiter zunehmen. Das Klima wird sich insgesamt stark wandeln. Brüssel wird heute das Klima von Lyon haben, während Lyon das Klima von Tunis oder Rabat haben wird. Stockholm wird ein Klima haben, das mit dem von Brüssel heute vergleichbar ist. Was wir sehen werden, ist eine Verschiebung nach Norden, die auch Auswirkungen auf die Landwirtschaft haben wird. Diese Verschiebungen erfordern umfassende Antworten, und zwar, von einer Neudefinition der gemeinsamen Agrarpolitik der EU bis hin zu neuen Maßnahmen zum Schutz der Arbeitsbedingungen und zur Aufrechterhaltung der Produktivität sowie zum Schutz vor neuen Risiken für die Infrastruktur.

ES BRINGT NICHTS, WENN EUROPA ZU EINER DEKARBONISIERTEN INSEL IN EINEM MEER VON KOHLENSTOFF WIRD

Was muss Europa tun, um sich an das sich verändernde Klima anzupassen?

Lange Zeit dachte Europa, es sei immun gegen die Folgen des Klimawandels. Es fühlte sich gewissermaßen unverwundbar und war der Meinung, dass die Anpassung in der Verantwortung der Länder des globalen Südens liegt, während die Aufgabe Europas darin besteht, die Treibhausgasemissionen zu mindern. Heute wissen wir es besser.

Europa wird nicht vor den klimatischen Auswirkungen verschont bleiben, und es wird immer klarer, dass es äußerst unvorbereitet ist: Überschwemmungen in Belgien und Deutschland im Jahr 2021, Brände und Dürre in Frankreich im Jahr 2022, Brände und Überschwemmungen in Griechenland in diesem Jahr. Wir haben gesehen, wie extreme Wetterereignisse schnell außer Kontrolle geraten können und wie Grundausstattung und Schulungen fehlen.

Die Anpassung des europäischen Kontinents betrifft aber nicht nur klimatische Extreme. Wir müssen in die Infrastruktur gegen den Anstieg des Meeresspiegels investieren, mit Landwirten zusammenarbeiten, um landwirtschaftliche Prozesse zu transformieren, und die Industrien bei der Umstellung und der Absicherung Ihrer Lieferketten unterstützen. In Bezug auf die Anpassung muss Europa auch erkennen, dass es viele Lektionen vom globalen Süden zu lernen gibt, der über einige dieser Probleme schon viel länger nachdenkt.

Vier Jahre nach dem Europäischen Green Deal, wie würden Sie ihn insgesamt bewerten?

Es gab Rückschläge, aber insgesamt war er ehrgeizig und relativ erfolgreich. Der Green Deal bietet die Chance, ein neues Modell für die europäische Wirtschaft zu entwickeln. Heute sieht sich der Green Deal jedoch einer populistischen Gegenreaktion gegenüber, die die europäischen Institutionen viel ernster nehmen sollten. Viele Menschen,

EUROPA WIRD NICHT VOR DEN KLIMATISCHEN AUSWIRKUNGEN VERSCHONT BLEIBEN, UND ES WIRD IMMER KLARER, DASS ES ÄUSSERST UNVORBEREITET IST

insbesondere in Mittel- und Osteuropa, betrachten den Green Deal als Beschränkung und nicht als Chance.

Wenn die EU darauf aus ist, den Green Deal in den Antrieb für ein neues Wirtschaftsmodell umzuwandeln, muss sie effektiver kommunizieren, damit die Menschen etwas anderes als Bürokratie und Vorschriften sehen. Natürlich sind einige der Mängel des Green Deal das Ergebnis politischer Kompromisse und Verhandlungen. Doch in Bezug auf Öffentlichkeitsarbeit muss ein erheblicher Aufwand betrieben werden. Andernfalls besteht die Gefahr, dass der reale Rückschlag gegen Umweltpolitik den Green Deal gefährdet und das gesamte Gebäude zusammenbricht.

Die Grünen haben mit dieser Ablehnung der Umweltpolitik zu kämpfen. Warum sind sie besonders anfällig?

Die Grünen wurden auf der Grundlage eines Konsens und einer Diagnose gegründet: Die Umweltlage war schlecht, und es musste etwas unternommen werden. Aber wenn es darum geht, was unternommen werden muss, und insbesondere um die Verknüpfung von Umweltpolitik mit sozialer und wirtschaftlicher Politik, fehlt es den Grünen an Konsens. Es gibt ein Paradoxon, dass man von den Grünen erwarten würde, dass sie besser abschneiden, wenn die Situation schlechter aussieht. Aber die Realität ist genau das Gegenteil, weil viele ihrer bevorzugten Lösungen als von oben auferlegt und unzureichend mit wirtschaftlichen und sozialen Maßnahmen verknüpft angesehen werden.

Hinzu kommt, dass dort, wo die Grünen in der Regierung waren, sie nicht viel erreicht haben. In Belgien besetzen die Grünen die Ministerien für Verkehr, Energie und Umwelt. Als belgischer Bürger habe ich, abgesehen von einigen interessanten Initiativen auf lokaler Ebene, nicht viel Wandel gesehen. In Deutschland hat Robert Habeck ein riesiges Ministerium eingerichtet, das das Wirtschaftsministerium und das Klimaministerium zusammenbrachte. Was wir gesehen haben, sind neue Kohlebergwerke und andere politische Maßnahmen, die die Wählerschaft vor Herausforderungen stellen. Wir haben es letztendlich mit Klimaaktivisten zu tun, die Kampagnen fahren gegen eine Regierung, in der die Grünen eine wichtige Rolle spielen.

Wenn der grüne Übergang als Zumutung wahrgenommen wird und dadurch gefährdet ist, wie kann er dann wünschenswerter gemacht werden?

Um die Menschen von der Notwendigkeit des Klimaschutzes zu überzeugen, haben wir uns bisher stark darauf konzentriert, was passieren würde, wenn keine Maßnahmen ergriffen werden. Wir haben uns auf katastrophale Visionen davon konzentriert, wie Europa aussehen würde. Das Problem ist, die Menschen wissen sehr gut, dass es eine lange zeitliche Lücke zwischen den Emissionen zu einem bestimmten Zeitpunkt an einem bestimmten Ort und den Auswirkungen zu einem bestimmten Zeitpunkt an einem bestimmten Ort gibt. Die Menschen wissen, dass die Auswirkungen in Europa von vergangenen Emissionen abhängen und von Emissionen in China und den USA genauso wie von dem, was Europa heute tun kann. Es ist also falsch, zu versuchen, die Menschen zum Handeln zu bringen, indem man betont, was schiefgehen kann.

Ich denke, dass der Weg, Menschen zum Handeln aufzufordern darin besteht, ihnen zu zeigen, warum es in ihrem besten Interesse ist. Dafür muss der Klimaschutz für die Menschen sichtbar gemacht werden, mit bedeutenden Investitionen in den öffentlichen Verkehr und in die Infrastruktur erneuerbarer Energien, um die Energiekosten zu senken.

Müssen wir uns von US-Präsident Bidens Inflationsbekämpfungsgesetz inspirieren lassen?

Das Interessante an Bidens Plan ist, dass er deshalb erfolgreich ist, weil er gerade nicht als Klimaschutzplan, sondern als Inflationsbekämpfungsgesetz bezeichnet wird. Viele Menschen betrachten Klimaschutz als etwas, das sie nicht wollen, aber jeder macht sich Sorgen über die Inflation. Wenn die Menschen sehen, dass der Inflation Reduction Act neue Arbeitsplätze für die amerikanische Wirtschaft schafft und neue Infrastrukturen aufbaut, dann kann Biden sagen: „Sehen Sie doch, wie der Klimaschutz in Ihrem Interesse ist". Tragischerweise musste Europa auf den Krieg in der Ukraine warten, um die Bedeutung einer europäischen Vision für die Energiepolitik zu erkennen.

Klimamaßnahmen werden viel öffentliche Mittel kosten, und es gibt bereits zahlreiche Forderungen an die Staatsausgaben. Wie sollten wir den grünen Übergang finanzieren?

Wir sollten mehr tun, um privates Geld zu mobilisieren. Die Europäer haben viel

Erspartes auf der Bank. In Frankreich liegt die Gesamthöhe der Sparguthaben der privaten Haushalte zwischen 4.000 und 6.000 Milliarden Euro. Das ist enorm – das entspricht etwa fünf Prozent des globalen BIP, wenn man nur das Sparguthaben der Franzosen sieht. Wenn die EU-Kommission Anleihen oder bedeutende Investitionsmöglichkeiten anbieten würde, bin ich mir ziemlich sicher, dass die Europäer bereit wären, sich zu beteiligen und ihr Geld sinnvoll zu investieren.

Umweltbewegungen haben sich seit langem gegen Megaprojekte und die mit großen Infrastrukturprojekten einhergehenden Umweltschäden ausgesprochen. Brauchen wir jetzt einen Umweltaktivismus, der etwas aufbaut?

Auf Französisch sagen wir, man kann nicht „le beurre et l'argent du beurre "haben. Das entspricht dem deutschen Sprichwort: „Man kann nicht auf zwei Hochzeiten gleichzeitig tanzen." Wir müssen akzeptieren, dass Klimaschutz massive Infrastrukturprojekte erfordern wird und es manchmal einen Ausgleich zwischen Klimapolitik und Biodiversitätspolitik geben muss. Für die Grünen bedeutet das nicht nur zu sagen, dass wir Flugzeuge am Boden halten oder Autos abschaffen müssen. Das grüne Denken muss aufhören, sich auf die Welt zu konzentrieren, die sie nicht wollen, und zeigen, wie die Welt aussieht, die wir wollen.

Was halten Sie von einer Klimapolitik, die sich auf den überproportionalen Kohlenstoffverbrauch wohlhabender Menschen konzentriert, wie z.B. das Verbot von Privatjets oder Einschränkungen für SUV-Fahrer?

Diese Maßnahmen geben Aktivisten ein gutes Gefühl, weil sie die Vorstellung stärken, dass sie für eine gute Sache kämpfen. Der Effekt für die meisten Menschen ist, dass sich die Vorstellung erhärtet, Klimaschutz bedeute Einschränkungen und Verbote. Wenn die Menschen hören, dass Klimaaktivisten Jets, Autos oder sogar Golf verbannen wollen, denken sie: „Was kommt als Nächstes? Bin ich der Nächste? Ist Fleisch das Nächste?" All diese Slogans schaffen Angst und führen zu verlorenen Stimmen und weniger Unterstützung in öffentlichen Debatten. Es geht nicht darum, die Menschen von den Vorteilen des Übergangs zu überzeugen.

Ich denke nicht, dass wir Privatjets für Geschäftsreisende verbannen sollten. Wir sollten Hochgeschwindigkeitszüge attraktiver machen. Die Grünen lieben Nachtzüge. Aber ich geschäftlich viel unterwegs, und ich werde nicht mit Nachtzügen fahren, und die meisten Geschäftsreisenden auch nicht. Ich habe Kinder zu Hause und arbeite bereits viel, also werde ich nicht eine Nacht unterwegs verbringen, wenn es eine einfachere Option gibt. Von Paris nach Berlin mit dem Nachtzug ist nichts für Geschäftsreisende, sondern für junge Leute. Von Paris nach Berlin in sechs Stunden mit dem Hochgeschwindigkeitszug und Hochgeschwindigkeitsinternet – das wird bei Geschäftsreisenden punkten.

Wir müssen verschiedene Gruppen berücksichtigen, wenn wir über die Politik der Bahn nachdenken, und das Gleiche gilt für alle anderen Maßnahmen. Manchmal scheint es, als seien die Grünen zu eifrig dabei, ihre Stammwählerschaft zu erfreuen. Wir müssen mehr darüber nachdenken, wie wir Menschen aus verschiedenen gesellschaftlichen Schichten erreichen können.

Wenn Sie denken, dass man durch Reichen-Bashing die Arbeiterklasse anzieht, dann ist das nicht richtig. Die meisten Menschen wollen gut leben. Sie möchten reich sein. Durch Angriffe auf die Reichen spricht man vor allem die obere Mittelschicht an – die Menschen, die bereits genug Geld haben und wissen, dass sie wahrscheinlich nie viel mehr verdienen werden.

Wie hat der Krieg in der Ukraine und die Energiekrise die Klimafrage in Europa verändert?

Der Krieg in der Ukraine bot eine Möglichkeit, diejenigen, die sich um das Ende der Welt sorgen, mit denen zu versöhnen, die sich um das Ende des Monats sorgen. Plötzlich existierte das Dilemma zwischen Klimaschutz und Erschwinglichkeit nicht mehr. Das Dilemma wurde nicht gelöst. Es wurde einfach beseitigt.

In vielerlei Hinsicht ist es am einfachsten, die Menschen von den grundlegenden Vorteilen des Klimaschutzes zu überzeugen, wenn man das ganze aus einer anderen Perspektive betrachtet. Mit einer größeren Kapazität an erneuerbaren Energien wäre Europa nie in die Krisensituation geraten, in der wir uns im Jahr nach der Eskalation des Krieges in der Ukraine befanden. Viele Menschen, die soziologisch nicht so nahe bei den Grünen stehen oder die sich einfach nicht so sehr um die Umwelt kümmern, erkennen das ebenfalls. Die gleiche Logik könnte auch international der Ausgangspunkt sein. Europa muss seine grüne Diplomatie entwickeln, und ich denke, dass hier noch sehr viel Potenzial steckt.

Was sollte nach 2024 im Zentrum des Europäischen Green Deal stehen?

In erster Linie öffentliche Investitionen. Bislang ging es beim Green Deal hauptsächlich um Regulierung. Erst durch Investitionen in den öffentlichen Dienst, Transport und Infrastruktur werden die Menschen feststellen, dass Klimaschutz in ihrem besten Interesse ist. Wir müssen sicherstellen, dass Klimaschutz mehr bietet als Einschränkungen, Steuern und Kürzungen.

Zweitens muss Europa den Green Deal für die Menschen sichtbar machen. Menschen in ganz Europa müssen wissen, was der Green Deal für sie tut. Sie müssen wissen, dass der neue Bahnhof durch den Green Deal finanziert wird.

Öffentliche Investitionen, die europaweit richtig kommuniziert werden, können die Menschen davon überzeugen, dass der Green Deal auch für sie relevant ist.

FRANÇOIS GEMENNE

François Gemenne ist Experte für Umwelt-Geopolitik und Migration an der Universität Lüttich. Er leitet das Observatorium für Verteidigung und Klima im französischen Ministerium für Verteidigung. Er ist Hauptautor für den IPCC und hält außerdem Vorlesungen über den Klimawandel und Migration.

GREEN EUROPEAN JOURNAL

Als Europas führendes Magazin für politische Ökologie trägt das *Green European Journal* dazu bei, Ideen über kulturelle und politische Grenzen hinweg zu verbreiten und Solidarität und Verständnis zu fördern. Als redaktionell unabhängige Publikation der Green European Foundation arbeitet das Journal mit Partnern in ganz Europa zusammen. Die Ausgaben befassen sich aus verschiedenen analytischen und kulturellen Perspektiven eingehend mit jeweils nur einem Thema. Die Website des *Green European Journal* veröffentlicht Artikel und Interviews in verschiedenen Sprachen, von denen viele auch im Audioformat im *Green Wave* Podcast

GREEN EUROPEAN FOUNDATION

Die Green European Foundation ist eine politische Stiftung auf europäischer Ebene, deren Ziel es ist, zu einer lebhaften europäischen Debattenkultur und politischer Bildung beizutragen und eine größere Bürgerbeteiligung an der europäischen Politik zu fördern.

HEINRICH BÖLL STIFTUNG

Diese deutsche Fassung wurde in Kooperation mit der Heinrich-Böll-Stiftung veröffentlicht.

GREEN EUROPEAN JOURNAL	**Winter 2023** Gedruckt in Belgien von einem CO_2-neutralen Unternehmen 100% Recyclingpapier
VERÖFFENTLICHT	GEF
REDAKTIONSTEAM	Alessio Giussani María Dios Jennifer Kwao Xenia Samoultseva
REDAKTIONSLEITUNG	Natalie Bennett Konrad Bleyer-Simon Edouard Gaudot Rosa Martínez Rodríguez Maria Mateeva-Kazakova Adam Ostolski
ÜBERSETZUNG	Alamma
KORREKTURLESEN	Voxeurop
GRAFIKDESIGN	Klär.graphics
ILLUSTRATIONEN	Laura Liedo www.lauraliedo.com
KREATIVDIREKTOR	Klaas Verplancke
ISSN	2684-4486
ISBN	978-9-49-051517-1

GREEN EUROPEAN FOUNDATION

Green European Foundation 3 Rue du Fossé, L-1536 Luxembourg info@gef.eu I www.gef.eu

Büro Brüssel
Mundo Madou – Avenue des Arts 7-8 B-1210 Brussels, Belgien

Diese Veröffentlichung wurde mit finanzieller Unterstützung des Europäischen Parlaments erstellt. Das Europäische Parlament ist nicht verantwortlich für den Inhalt dieses Projekts.